KB163443

평등의 몰락

평등의 몰락

신 자 유 주 의 는
어 떻 게
차 별 과 배 제 를
정 당 화 하 는 가

리사 두건 지음 | **한우리 · 홍보람** 옮김

현실문화

헨리 에이브러브와 신디 패튼을 위해

추천사

최고의 책이다. 리사 두건은 신자유주의 혁명이 얼마나 차근차
근 교묘하게 인종, 젠더, 섹슈얼리티에 호소하며 광범위하게 진
행되었는지 보여준다.

— 앤드루 로스(뉴욕대학 사회문화연구 교수, 『크레디토크라시』 저자)

명석하고 대담하며 논리적이다. 두건은 도덕적이고 맹목적인 주
장에 반박하고, 미국 정치에서 덜 재현되거나 재현되지 않은 다
양한 측면을 논증한다.

— 아킨볼라 E. 아킨우미(이바단대학 지리학 교수)

두건은 진정한 진보적 변화란 부분에서가 아니라 전체에서 일어
나야 함을 잘 설득한다.

— 《퍼블리셔스 위클리》

통찰력 있고 면밀한 주장을 담은 이 열정적인 책은 1990년대에 마침내 권력을 차지한 신자유주의를 해석한다. 두건은 우리가 지금 어디에 서 있는지, 더 정의로운 장소에 어떻게 도달할 수 있는지에 대한 훌륭한 분석을 제공한다.

— 트리시아 로즈(브라운대학 아메리카 인종 및 민족성 연구센터 소장, 『말하고자 하는 갈망: 흑인 여성, 섹슈얼리티와 친밀성을 말하다』 저자)

드디어 신자유주의 문화정치에 대한 설득력 있고 신랄한 비판이 나왔다. 새로운 진보정치, 진정한 사회정의, 새로 활력을 얻은 공공의 지적 장을 위한 길을 제시하는 두건의 책은 지금 그 어느 때보다 필요하다.

— 주디스 핼버스탬(서던캘리포니아대학 미국학·비교문학·젠더 연구 교수, 『여성의 남성성』 저자)

일러두기

1. 이 책은 Lisa Duggan, *The Twilight of Equality?: Neoliberalism, Cultural Politics, And the Attack on Democracy*(Boston, MA: Beacon Press, 2003)를 번역한 것이다.
2. 옮긴이 주는 별(*)로 표시하여 각주로, 지은이 주는 숫자로 표시하여 미주로 처리했다.
3. 지은이가 언급한 책들 중 번역본이 출간된 경우 번역서 제목을 따랐고, 번역본이 없는 경우에는 옮긴이가 번역했다.
4. 제목 표기 시, 단행본에는 『 』를, 논문에는 「 」를, 잡지·신문 등 정기간행물에는 《 》를, 방송 프로그램명에는 〈 〉를 사용했다.
5. 지은이의 보충설명을 넣을 때는 ( )로, 옮긴이의 보충설명을 넣을 때는 [ ]로 표기했다.
6. 외국 인명 표기는 국립국어원에서 펴낸 외래어 표기법을 원칙으로 하되, 국내에서 널리 사용되는 인명은 관행을 따랐다.

차례

감사의 글

이 책을 쓰는 것은 선택이 아니었다. 이 책은 쓰이도록 요구되었고, 나는 결국 그 요구에 순응했다. 지난 30년간 미국에서의 삶은 꽤 거칠게 달리는 차를 타는 것처럼 정치적 낙담의 연장과 동시에 아찔한 희망의 순간을 경험하는 것이었다. 친구, 동맹자, 마음 맞는 동료, 질문하는 학생, 동료 여행자의 작업 덕분에, 나는 계속 현실에 기반할 수 있었다. 매우 많은 곳에서 많은 이들이 내가 신자유주의, 섹스, 인종, 젠더와 계급, 정체성정치, 행동주의, 역사와 진보 좌파에 대해 생각할 수 있도록 도와줬기에, 그들 모두에게 감사의 말을 다 전할 수는 없을 것이다. 하지만 나는 헨리 에이브러브, 트리시아 로즈, 클레어 포터, 주디스 핼버스탬, 호세 무뇨스에게 먼저 감사를 전하고 싶다. 그들은 이 책을 쓰고 생각하는 모든 과정에서 중요한 지지와 날카로운 도전을 제공해주었다. 그들의 존재는 내가 다녔던 가톨릭 초등학교 선생님들이 항상 말해왔던 놀라운 은총이었다.

알료샤 골드스타인, 미콜 시겔, 리즈 세브첸코는 이 책을 위한 연구조교 역할을 근면하고 즐겁게 해주었다. 뉴욕대학교 퀴어 연구 교수들의 연구 모임은 내 원고의 다양한 판본을 읽어주었다. 그리고 나는 특히 캐럴린 딘쇼, 호세 무뇨스, 앤 펠레그리니, 재닛 제이콥슨, 필 하퍼, 애나 매카시, 리시아 피올 마타, 로버트 코버, 패티 화이트, 크리스 스트레이어에게 감사를 전한다. 미국연구학과의 멋진 동료인 아렌 다비야 또한 원고를 읽고 그녀만의 날카로운 지성과 관대함으로 응답해주었다. 밴더빌트대학교의 젠더, 섹슈얼리티, 문화정치 세미나에 참여한 동료 교수들은, 내가 거기에서 머무는 동안 특별히 관대하게 대해주었다. 나는 캐럴린 데버, 존 슬룹, 캐스린 슈와츠, 린 엔터라인, 케이티 크로퍼드, 홀리 터커, 브룩 애커리, 호세 메디나, 다이앤 퍼피츠, 척 모리스, 린 클락에게 감사를 전하고 싶다. 모나 프레데릭과 켈린 마틴은 밴더필트에서의 내 작업과 행복을 헤아릴 수 없을 정도로 향상시켜줬다. '페미니즘과 섹슈얼리티 프로젝트'의 하위 구성체로 내가 참여한 공적 느낌Public Feelings 그룹은 실질적으로 내 생각, 글쓰기, 일반적인 즐거움에 기여했다. 그들은 정치적 낙담에 대해 많은 아이디어를 제공했고, 그것을 어떻게 극복할 것인가를 함께 고민했다. 특히 뎁 굴드, 메리 패튼, 앤 체코비치, 로런 벌런트, 사샤 토레스, 앤 레이놀즈, 네빌 호드에게 감사드린다.

다양한 대학교의 강연에서 동료와 청중은 내 질문과 통찰력에 도움을 주었다. 그중 웨슬리언대학(헨리 에이브러브와 클레어 포터), UC 샌디에이고(주디스 핼버스탬), UC 리버사이드(제니퍼 도일과 몰리 맥게리),

UCLA(샌드라 하딩), 듀크대학(캐런 크라홀리크와 로빈 위그), 워싱턴대학 시애틀 캠퍼스(찬단 레디와 브랜디 파리스), 마이애미대학(러스 캐스트로노보), 버나드칼리지(재닛 제이콥슨), 조지메이슨대학(로저 랭커스터), 노스웨스턴대학(테시 리우)에 감사를 드리고 싶다. 또 내가 글을 쓰는 도중에 각 장의 초안에 대해서 특히 유용한 피드백을 준 캐시 코헨, 주디스 스테이시, 맨디 머크, 데이나 넬슨, 앤 체코비치, 낸 헌터, 로라 킵니스, 마이클 워너, 데이비드 핼퍼린, 발레리 트룹, 코라 캐플런, 베스 포비넬리, 에이미 케셀먼(그녀는 2장에서 사용된 중요한 연구들에 접근할 수 있도록 도와주었다), 로저 보엔(그는 고맙게도 나와 함께 이야기하는 데 동의해주었다)에게 감사를 전한다.

비콘 출판사의 편집자인 에이미 콜드웰에게 내가 얼마나 감사해하는지를 전달할 방법이 없을 정도이다. 그녀의 인내와 끈질긴 지지는 이 프로젝트가 출판되어 나오는 과정을 다르게 만들었다. 또 정치적 보고서에 높은 기준을 설정해 내가 부합할 수 있기만을 바라게 한, 내 모자란 생각으로는 미국 내 최고의 탐사 저널리스트인 앨리사 솔로몬에게 감사하고 싶다.

마지막으로 나는 이 책에 직접적으로 상관은 없지만 그럼에도 불구하고 내가 이 글을 쓰는 데 무척 중요했던 네 사람들에게 감사를 전하고 싶다. 앤드루 로스는 내가 뉴욕대학에 있는 동안 미국학과의 통찰력과 비전을 갖고 있는 학과장이었다. 그의 리더십은 미국학과를 글쓰기, 가르치기, 그리고 진보정치를 위한 독특하게 참여적이고 약동하는 장소로 만들어냈다. 지난 10년간 그와 함께 일했던 것은 나의 학자로서의 삶에서 가장 빛나는 순간이었다. 뉴욕대학 역사학과의 동료 로빈 켈리는 활동가적 지식인의 실천과 윤리를 보여주는 가슴 뛰게 하는 모델이었다. 그의 아량은 전설적이다. 신디 패튼은 이 책에서 인용되었듯, 내가 꿈꾸는 퀴어 활동가 지식인이다. 나는 그녀가 그립다. 그리고 마지막으로 크리스 스트레이어는 1990년에 그녀의 출간되지 않은 박사 논문을 통해서 내가 처음 '퀴어 연구'를 발견한 이래로 이런저런 방식으로 나와 함께 있어 왔다. 이것이 내게 무슨 의미였는지 그녀가 알기를 바란다.

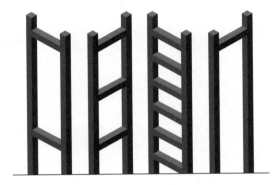

들어가며

너무도 길고 이상한 여행이었다.

1972년 내가 고등학교를 졸업했을 때, 미국의 상황은 좋지 않아 보였다. 리처드 닉슨이 대통령이었고, 미국은 부당한 제국주의 전쟁인 베트남전쟁에 휘말려 있었다. 1960년대 민권* 입법의 한계는 지속적이고 견고한 인종 불평등의 형태로 나타났다. 직장과 가정은 젠

---

* 'Civil rights'는 '민권'과 '시민권'으로 나누어 번역했다. 꾸준히 전개된 미국의 흑인 및 소수자들의 시민권 투쟁을 토대로, 1954년 대법원은 학교의 인종 분리가 위헌이라는 브라운 대 토피카 교육위원회 판결(Brown v. Board of Education)을 내렸다. 그리고 이는 공개적인 민권 투쟁을 촉발했다. 비폭력주의에 입각한 마틴 루터 킹의 활동, 비폭력 학생 조정위원회(Student Non-violent Coordinating Committee, SNCC)의 결성 등은 1960년대의 대중적인 흑인 민권 운동으로 이어졌다. 'Civil rights'가 이러한 1960년대 미국 민권 운동(The American Civil Rights Movement)의 맥락을 가리킬 때는 '민권'으로, 그 외에는 '시민권'으로 옮겼다.

더 위계에 따라 첨예하게 분리되어 있었다. 그럼에도 1972년의 나에겐 낙관할 이유가 있었다. 활발하게 확장하는 사회운동은 불의, 불평등, 가난, 전쟁과 제국주의의 조건을 완화시킬 수 있는 것처럼 보였기 때문이다. 실제로 사회운동은 인간의 가능성을 억누르는 다양한 제약에 대한 혁신적인 비판을 생산하고 있었다. 여성 해방 운동, 게이 해방 운동, 레즈비언 페미니즘, 흑인 페미니즘, 그리고 급진적 노동운동에 가담하면서 새롭게 등장하여 번영하고 있는 운동들, 민권과 흑인 민족주의적 반란, 반인종주의와 반제국주의 조직 등이 그러했다. 이 운동들이 지닌 모든 내적 긴장과 갈등에도 불구하고, 그 사이의 상호 교류를 통해 사회 변동에 대한 우리의 공유되거나 겹치는 전망들을 범위와 효과의 측면에서 급격히 성장시키는 것도 가능해 보였다. 내가 '혁명적'이기를 원한다고 말했을 때, 이것은 터무니없거나 분파적인 게 아니었다. 그것은 지구적 맥락에서의 사회·정치·경제·문화적 평등을 향한 중첩된 열망이 가슴 떨릴 뿐만 아니라 달성 가능하다고 여기는 사람들과의 친화성을 선언하는 것으로 받아들여졌다.

진보적 사회 변화의 가능성이 1972년에 시작된 심각한 역사적 후퇴와 맞닥뜨리고 있었지만, 나는 내가 위대한 시작점이 아니라 오히려 대단원에 위치하고 있다는 것을 전혀 몰랐다. 30년이 넘게 지난 지금의 관점에서 보자면, 1970년대 초에 시작된 상전벽해는 그때 우리가 상상할 수 없었던 방향으로 우리를 이끌었던 것이 명백하다. 1970년대 초부터 시작된 전 지구적 경쟁과 이윤율 저하는 미국 기업 세력의 '반대운동'을 추동했다. 이 반대운동은 그것의 기초인 친기업적 활동에서부터 다방면으로 확장되었고, 수립되는 데 오랜 세월이 걸렸다. 즉 그것은 결코 통일되거나 안정된 적이 없었다. 하지만 반대운동은 세계 자원들의 포괄적이고 더 공정한 재분배에 대한 상상의 확산을 성공적으로 저지했다. 로널드 레이건의 대통령 당선을 시작으로 1980년대 내내 미국을 비롯한 전 세계에서 다양한 자원에 대한 재분배의 전체적 방향은 위쪽으로, 점차적으로 가팔라지는 먹이사슬의 최상위에 있는 소수의 손으로 더 집중되었다.

무슨 일이 일어났는가? 어떻게 위를 향한 재분배의 힘은 1972년까지도 여전히 활력 있어 보였던 아래를 향한 재분배의 광범위하고 포괄적인 '혁명'을 그토록 효과적으로 이길 수 있었나? 미국에서는 1930년대에 수립되었고 거의 1960년대의 위대한 사회The Great Society* 시대까지 관통하여 존재했던 기업, 정부, 거대 조합들 간의 불안정하고 불균등한 뉴딜New Deal 합의**가 붕괴되었다. 하지만 이는 뉴딜 합의의

---

* '위대한 사회'는 1960년대 미국 민주당 린든 존슨 대통령이 가난 및 인종에 따른 불의의 제거를 목표로 실시한 일련의 행정 정책(가난 구제 사업, 의료 지원, 새로운 주택법 마련, 이민법 개정 등)을 일컫는다.

** '뉴딜'은 1933~38년 미국 루스벨트 대통령이 대공황 극복을 위해 추진했던 제반 정책이다. 실업 및 가난의 구제, 보통 수준으로의 경제 회복, 경기 침체 반복을 방지하는 재정 시스템 개혁으로서 일명 '3Rs', 즉 구제(Relief), 부흥(Recovery), 개혁(Reform)을 목표로 한다. 루스벨트 행정부는 연방정부에 의한 공적 구호의 책임을 수용하고, 대량 실업이라는 긴급 상황에 대응했다. 뉴딜은 나아가 사회적 문제의 핵심으로서 '노동문제' 해결을 위한 법적·행정적 장치를 고안했는데, 1935년에 사회보장법(Social Security Act)과 전국노사관계법(National Recovery Act) 등을 통해 정부 내 사회보장위원회와 노사관계위원회

비민주적이고 반평등주의적인 특징을 개선하거나, 많은 '혁명들'이 꿈꿔온 더 큰 민주주의적 참여, 물질적 평등, 문화적 다양성, 훌륭한 세계시민권을 창출하기 위해서는 아니었다. 오히려 뉴딜 합의는 **신자유주의**라고 알려진 국가적·세계적 질서의 새로운 전망, 즉 경쟁, 불평등, 시장 '규율', 공공 긴축, '법과 질서'라는 창조물 속에서 분해되었다.[1]

17세기 이래로 앵글로-유럽에서 발전해온 대문자 'L' 자유주의 Liberalism*를 통해 그들의 계보를 추적하면서, 당대의 신자유주의 설계자들은 고전 자유주의의 자애로운 '자유'시장과 최소정부라는 유토피

같은 명목상 중립적인 기관들을 설치한 것이 대표적이다. 노사관계위원회는 노사 갈등을 법률적 절차 내부로 통합했고, 노동자는 점차 국민국가의 '정상적 시민'으로 포섭되었다.

* 두건이 '대문자 자유주의'를 통해 가리키는 것은 다음의 두 가지로 보인다. 첫째, 국가의 개입을 최소화하는 고전적인 자유주의를 지칭하기 위해서이다. 사회학자 이매뉴얼 월러스틴은 자유주의와 국민국가와의 관계를 추적한 논문에서 대문자 자유주의(Liberalism)와 소문자 자유주의(liberalism)를 역사적으로 구분한다. 1848년 프랑스 혁명이 야기한 혼란과 변화에 놀란 영국(과 미국)의 자유주의자들은 사회질서를 유지하기 위해 노동자의 정치 참여와 그들과의 잉여가치 공유를 일정 정도 용인해야 함을 깨달았다. 하지만 대문자 자유주의자들(Liberals)은 이를 주저했고, 결국 20세기 초반 사실상 국가의 역할 강화를 요구했던 소문자 자유주의에 지배적인 정치 이데올로기로서의 자리를 내주었다 (자세한 내용은 Immanuel Wallerstein (1992) "Liberalism and the Legitimation of Nation-state," *Social Justice* 19(1), pp. 22~33 참고). 둘째, 소문자 자유주의가 좀 더 넓은 의미와 실천을 포괄하기 때문에, 사상으로서 자유주의를 강조하기 위해서 대문자 'L'을 사용한 것으로 보인다. 이 책에서는 '자유주의'로 번역하되, 구분이 필요할 경우에는 영어를 병기했다.

아주의를 이용했다. 이 초기 아이디어들은 발전하는 자본주의 제도에 일련의 합리적 이유, 도덕적 정당성, 정치적으로 변화된 서술을 제공했다. 이러한 제도들, 그리고 그와 관련한 경제적 실천과 사회적 관계는 시간이 지나면서 변화했고 다양한 공간을 가로질렀다. 말하자면 자본주의는 결코 단일하고 일관된 '체계'였던 적이 없다. 그러므로 자유주의는 여러 번 그 모습을 바꾸었을 뿐만 아니라, 자본주의의 역사적 모순들과의 간접적 관계 속에서 증폭하는 모순들을 억제해왔다. 20세기 동안 미국에서는 '보수주의'부터 국내 '자유주의'에 이르는 주류 선거정치의 전체 스펙트럼이 대문자 자유주의의 한도 내에서 크게 변천했다. 미국 정치에서 자유주의의 상이하고 상충되는 형태들의 압도적인 지배에 대하여, 오직 극우파와 좌파만이 자유를 제한하는, 또는 반자유주의적인 대안을 제공해왔다.[2]

1930~60년대에는 매우 제한된 형태의 복지국가 자유주의나 사회민주주의가 미국이라는 국민국가와 그것을 지지하는 정치 문화를 형성해왔다. 뉴딜연합은 반정부적 보수주의자들(고전적 관점에서는 그들도 자유주의자였다)을 패배시키거나 주변화했다. 또한 뉴딜연합은 자본주의 내 평등의 제한된 형태를 비판하는 사회주의자와 진보 좌파를 흡수하거나 주변화했다. 1950~60년대에는 미국 복지국가에 대해 좌파와 우파 모두의 비판이 강화되었다. 뉴딜 사회복지 프로그램에 대한 보수적 반정부주의자들의 공격이 증가한 반면에, 좌파로부터 나온 새로운 사회운동은 여러 종류의 자원을 더 평등하게 분배하라는 압력을 가했다. 1970년대에 사회운동은 이후 20년에 걸쳐 궁극적으로 국

가의 주요 기관을 장악한 새로운 친기업운동과 맞닥뜨렸다.

　20세기 후반 신자유주의의 기반이 되는 친기업운동은 앞서의 '보수주의' 운동으로부터 증축된 것이다. 신자유주의는 제한적인 미국 복지국가를 붕괴시키려는 목적을 가진 논쟁적 양식으로서, 기업 이윤율을 높이기 위해 수십 년 동안 발전해왔다. 이윤율 상승은 여타 사회적 사용처로부터 돈을 전용해올 것을 요구했기에, 경제 불평등은 전반적으로 증가했다. 그리고 그러한 전환은 그것을 지지하는 정치 문화, 순종적 유권자, 타협할 수 있는 사회적 관계를 요구했다. 따라서 1970년대 친기업운동은 광범위한 정치·문화적 기획, 말하자면 자본주의적 일상생활의 재구성, 다양한 자원의 위를 향한 재분배에 대한 지지, 많은 종류의 불평등에 대한 관용과 같은 기획에 기반해 있었고, 더 나아가 이것들을 발전시켰다.[3]

　서구 기관들의 지배에 도전하는 지구적 변화에 대응하여, 신자유주의는 일차적으로 미국에서, 이차적으로 유럽에서 발전했다. 구체적으로 미국 내에서 신자유주의 헤게모니의 구성은 5단계로 나눌 수 있다. (1) 1950~60년대: 뉴딜연합, 진보적 조합주의, 인민전선popular front의 정치 문화와 진보적 재분배 국제주의에 대한 공격. (2) 1960~70년대: 아래를 향한 재분배를 추구하는 사회운동들, 페미니즘과 레즈비언·게이 해방, 대항문화에 대한, 특히 민권 및 흑인 권력 운동에 대한 공격. (3) 1970년대: 미국 기반 회사들이 지구적 경쟁과 하락하는 이윤율에 직면하자, 이전에는 상충하던 크고 작은 기업들의 이해관계가 점점 더 만나고, 대기업 집단이 위를 향한 자원의 재분배를 조직하면

신자유주의적 지배의 가장 성공적인 책략은 경제정책을 주로
중립적이며 기술적인 전문지식의 문제로 정의하는 것이다. 사
진은 월가의 뉴욕증권거래소.

서 등장한 친기업운동. (4) 1980~90년대: 국내에서 종교적 도덕주의 자와 인종적 국수주의자 간의 동맹을 통해, 민주적인 공적 삶을 위한 공공기관과 공적 공간에 공격을 가한 '문화전쟁'에 대한 집중. (5) 2000년대: '다문화적'이고 신자유주의적인 신흥 '평등'정치. 이것은 지구적 소비를 목적으로 계획된 뼈만 남은 비#재분배적 '평등'의 유형이 며, 계속된 위를 향한 자원 재분배와 양립 가능하다.

매 단계 내내 미국에서의 신자유주의 정치와 정책의 구성은 정체성정치와 문화정치에 의존해왔다. 특히 인종에 대한 정치는 명시적이면서도 은밀하게 전체 기획의 핵심에 있었다. 그러나 젠더와 섹슈얼리티에 대한 통치 또한 인종 및 계급정치와 매 단계에서 교차해왔다.

1940~50년대에 시작하여 성립에 수십 년이 걸리긴 했지만, 일반적으로 신자유주의 그 자체는 1980~90년대 '워싱턴 컨센서스Washington Consensus'*라 불린 국제 통치와 경영 활동을 위한 일련의 필수적인 정책들과 관련된다. 국제통화기금IMF과 세계은행WB과 미국 재무부에 의해 만들어지고 세계무역기구WTO를 통해 시행된 신자유주의 정책들, 예컨대 긴축재정, 민영화, 시장자유주의, 정부의 안정화 정책은 친기업적이고 자본주의적으로 사유재산 관계를 보증해준다. 그들은 자본주의적 '자유'시장의 원활한 작동을 도모하기 위하여 세계를 재창조하도

---

* '워싱턴 컨센서스'는 신자유주의 이데올로기를 지지하는 세 조직, 즉 미국 재무부, 국제통화기금, 세계은행이 모두 워싱턴 D.C.에 본부를 둔 것에서 유래한 말이다.

록 고안되었고, 잠재적으로 이윤을 내는 것을 지연시키거나 소모시킬 수 있는 공적·비상업적 권력과 자원을 삭감하도록 설계되었다. 명목상으로는 친-민주주의적인 신자유주의 금융기관들은 주로 금융적 강제를 통해 스스로 독재적 방식으로 작동해왔다. 그 기관들은 또한 일종의 안정성, 즉 기업 투자가 용이하도록 고안된 안정성을 촉진하기 위해 세계의 독재정부와 금권정치 엘리트를 꾸준히 지지해왔다. 하지만 신자유주의 정책 실행의 효과는 급속하게 증가하는 불평등과 국가 정부의 주권 감소에서 기인한 정치적 취약성을 비롯해 많은 종류의 불안정성을 지속적으로 포함해왔다.

워싱턴 컨센서스는 미국과 유럽에 기반을 둔 금융·경영·정치 엘리트의 일종의 비밀 거래 회의장이었다. 워싱턴 컨센서스의 정책은 이른바 포스트제국주의 세계를 위한 경제·정치·문화적 제국주의의 실천들을 재발명했다. 신자유주의의 아바타들은 심지어 단기적으로는 혼란과 가난에 고통받을 게 틀림없는 사람들에게조차, 자신의 교리가 보편적으로 불가피하며 그 작동이 장기적으로는 이롭다고 제시해왔다. 다시 말해 신자유주의는 일종의 세속적 신앙이다. 누구에 의해서도 선출되지 않은 신자유주의의 성직자들은 오직 신자유주의 정책에 의해 이익이 증진될 수 있는 글로벌 엘리트들에게만 책임을 진다.

그렇다면 어떻게 친기업 활동가들은 워싱턴 D.C.의 포스트제국주의적 권력의 자리에서 통치의 지렛대를 사용했을까? 어떻게 '지구적' 정치가 미국뿐만 아니라 다른 나라에서도 민주주의적 책임의 범위를 벗어나 진행되고 있는가? 이는 다음을 통하여 나타났다. (A) 신자유주의적 정책들을 좋은 통치government와 효율적인 사업 운영을 위한 중립적·관리적 계율로 제시했다. (B) 미국 국내의 보수주의 대 자유주의 정치, 또는 공화당 대 민주당 정치 사이의 대립을 통해, 이 전체 스펙트럼을 가로지르는 지구적 신자유주의의 지배적 돌출을 효과적으로 보이지 않게 만들었다. (C) 미국과 외국에서 신자유주의적 정책 의제를 촉진시켜온 동맹과 쟁점의 배열을 변형했다.

(A) 지구적 문제와 국내적 문제 양자에서 신자유주의적 지배의 가장 성공적인 책략은 경제정책을 주로 중립적이며 기술적인 전문지식의 문제로 정의하는 것이다. 따라서 이 전문지식은 정치 및 문화와는 분리된 것, 특히 정치적 책임이나 문화적 비평의 대상으로는 부적절한 것으로 제시된다. 인종, 젠더, 성적 불평등이 단순히 문화적이고 사적이고 사소한 것으로 묵살당할 동안, 물질적 불평등에 대한 항의는 '계급전쟁'이라고 비난받았다. 이렇게 정치적이고 문화적인 전장들을 경제와 수사적으로 분리하는 것은 위를 향한 재분배라는 신자유주의의 목표, 즉 권력과 자원을 극소수 엘리트의 손아귀에 집중시키기 위한 결연한 노력을 위장하는 것이다. 일단 경제가 주로 기술적 영역이라고 이해되면, 신자유주의 정책의 부가 위로 흐르는 효과trickle-upward effects*는 그 정책의 설계 자체가 아니라 수행 과정[상의 문제] 때문이

---

* 여기서 쓰인 'trickle-upward effects'는 케인스가 말하는 분수효과(trickle-up effect), 즉 중간계급과 빈곤층에게 자원을 먼저 분배하면 그것이 위로 흐른다는 뜻이 아니라, 일종의 말장난을 통해 부와 자원이 결국 위를 향해 분배된다는 것을 지적하는 듯하다.

라고 프레임이 짜일 수 있다. 부가 위로 흐르는 효과에 대한 이러한 프레임 짜기는 [위를 향해] 더 많은 보상을 거둬들이는 신자유주의 정책의 이점을 보여준다.

하지만 한편에는 경제정책을 두고 다른 한편에는 정치적이고 문화적인 삶을 두는 그들의 공공연한 수사학적 분리에도 불구하고, 신자유주의적 정치인과 정책 입안자들은 이 영역들을 실제로는 결코 분리한 적이 없다. 현실세계에서 계급과 인종 위계, 젠더와 성적 제도, 종교와 민족 경계는 돈, 정치권력, 문화적 자원, 사회 조직이 흐르는 수로이다. 경제는 국가나 가족으로부터, 인종 분리 정책, 젠더 분할, 성적 규제의 실행들로부터 깔끔하게 떼어낼 수 없다. 그러한 사회적 삶의 범주 중 어떤 것이 다른 것과 분석적으로뿐만 아니라 실제적으로도 추상화될 수 있다는 환영은 앵글로-유럽적 자유주의의 개념 세계로부터 물려받은 것으로서, 19세기 초 미국의 맥락 속에서 수정되고 적용되었다(1장을 보라). 현대의 신자유주의 정책은 사회적 삶의 분리된 영역이라는 이데올로기를 다시 주장하지만, 실상은 계급, 인종, 젠더, 섹슈얼리티, 민족성, 종교, 국적의 관계들을 강화하거나 경합시키면서 문화와 정치 내에서, 그리고 그것들을 통해서 실행되어왔다. 구체적인 쟁점, 연합, 정책은 시간이 흐르고 상이한 지역들을 가로지르면서 변화되어왔지만, 그들의 전체적인 영향은 위를 향한 자원의 재분배와 사회적 불평등이라는 냉혹한 패턴의 재생산이었다.

(B) 특히 미국에서 공공기관 축소, 사기업 영리 특권의 확장, 민주

주의적 실천 및 비상업적 문화의 축소와 같은 신자유주의 의제는 1970~80년대 공화당의 손에서 1990년대 신민주당원New Democrats*의 손으로 옮겨갔다. 그리고 새천년에는 온정적 보수주의Compassionate Conservative** 공화당으로 옮겨갔다. 미국 내 양당 중심 선거정치의 정치적 언어, 즉 인물과 법안 발의를 보수, 중도, 자유주의로 분리해 꼬리표를 붙이는 언어는 효과적으로 정책 논쟁에서 이해관계들을 모호하게 만들었다. 로널드 레이건이 종교 우파로부터 견고한 지지를 받은 보수적 대통령이었다면, 빌 클린턴은 보수주의자와 우파가 힐난한 자유주의 대통령이었다. 그렇다면 왜 그들의 정책 발의안은 그토록 서로 닮았는가? 조직된 노동자의 반대를 무릅쓰고 북미자유무역협정NAFTA를 밀어붙인 것은 빌 클린턴이었고, "우리가 알고 있던 복지의 종말the end of welfare, as we know it"을 선언한 사람도 그였다. 레이건부터 부시 1세, 클린턴에서 부시 2세까지의 연속성은, 즉 신자유주의 정책의 증진이라는 연속성은 지배적인 정치 체계와 언어에 의해 상대적으로 보이지 않게 되었다. 미국 기업의 지배에 기반하지만 그것으로 환원되지는 않는 지구적 신자유주의는 미국 국내 정치의 광범위한 스펙트럼을 포괄한다. 보수적 공화당과 자유주의적 민주당 사이의 갈등은 대체로 신자유주의적 조

---

* '신민주당원'은 1988년 조지 H. W. 부시(부시 1세)의 대통령 당선 이후 등장한, 신자유주의와 제3의 길을 옹호하는 민주당 내 분파이다.

** 1977년 보수적 저술가인 더그 위드의 책 『동정적 어루만짐(*Compassionate Touch*)』에서 '온정적 보수주의'라는 용어가 처음 사용되기 시작했다. 조지 W. 부시(부시 2세)는 스스로를 '온정적 보수주의자'라고 부른다.

건 안에서 형성되어왔고, 심지어 비非자유주의와 반자유주의 세력(팻 뷰캐넌 같은 원형적 파시스트 민족주의부터 코넬 웨스트 같은 사회주의적 급진주의까지)조차도 이러한 정치 동맹에 개입하거나 이것에 의해 전유되어왔다.

하지만 그렇다면 정말로 레이건과 클린턴 사이에 중요한 차이는 없는가? 정말로 부시 2세 대신에 앨 고어를 선거에서 선택해야 할 근거는 없는가? 이것이 2000년 선거에서 랠프 네이더의 대선 공약에 담긴 주장이었다. 이 주장을 중심으로 많은 진보주의자가 한데 모였고, 다른 이들은 이 주장을 믿지 못할 것으로 여겼다. 대법원과 로 대 웨이드 판결Roe v. Wade*의 운명은 어떠한가? 시민권, 소수자 우대정책affirmative action, 동성애자 가시성**은 어떠한가? 이러한 혼란과 분쟁의 지점에서 미국의 진보 좌파는 스스로가 난처한 상황에 처해 있다는 것을 깨달았다. 경제, 부의 분배, 기업 지배, 그리고 정부 관직을 [기업 CEO 등에게] 제공하고 이득을 얻는 행태를 강조하는 이들(예를 들어 네이더

---

* '로 대 웨이드 판결'은 1973년 미 대법원이 수정헌법의 사생활 보호의 권리를 들어 여성의 낙태 권리를 인정한 판결이다.

** 외형적으로 드러나는 인종과 달리 이성애 중심 사회에서 동성애자는 눈에 띄지 않는다. 자유주의적이고 이성애적인 공/사 구분에서 비非성애적이라 여겨지는 공적 공간은 보편적인 이성애자의 공간이기 때문이다. 반면 다양한 성애적 실천이 가능한 사적 공간에서 동성애적 실천은 때때로 용인된다. 이러한 구분에 맞서 동성애자들은 공적 공간에서 자신이 동성애자라고 알리고 드러내는 가시화 전략으로 이성애를 공적이고 보편적인 것으로 구성하는 데 맞서고자 한다.

캠페인과 같이)과, 정치적·문화적 평등과 접근권을 강조하는 이들(그리고 2000년 선거에서 부시와 네이더 둘 다 드러낸 젠더, 인종, 섹슈얼리티 쟁점에 대한 상대적 무관심에 놀란 이들) 사이의 분리는 1980년대 이래 미국의 진보 좌파 운동을 효과적으로 약화시키고 있었다.

(C) 만약 신자유주의가 1970년대 이래 미국에서 친기업적 행동주의를 위한 초석을 계속 놓아왔다면, 이 행동주의는 또한 권력과 적법성을 획득하기 위한 정치적/문화적 쟁점과 관련된 지지층의 유동적인 배열과 맞물려 있다. (내가 주장해온 것처럼) 경제와 기업 이윤은 실제로는 인종과 젠더의 관계, 섹슈얼리티 혹은 몸의 정치에서의 다양한 분열들로부터 떼어낼 수 없기 때문에, 신자유주의는 인종, 젠더, 성, 종교, 민족성, 국적의 문제로 포화된 쟁점의 장으로부터 자신의 기획과 이윤을 조합해왔다. 그 연합과 쟁점은 시간이 지나면서 변화했고, 장소(미국 내인가 국외인가)에 따라 달라졌다(1~3장을 보라). 경제적 위계 위쪽을 향한 자본의 흐름을 원활하게 하기 위해, 신자유주의 정치인들은 이슈와 장소에 따라서 복잡하고 변화하는 동맹을 구축해왔다. 말하자면 인종, 젠더, 섹슈얼리티, 다른 차이의 지표들의 효과와 의미에 의해 형성되는 맥락에 따라 동맹을 구축해온 것이다. 이 연합들은 단순히 기회주의적인 것이 아니며, 또한 그 쟁점들은 더욱 견고하고 실재적인 경제적 목표들의 근본적인 현실성에 비해 그저 단순히 우발적이거나 부수적인 것도 아니다. 오히려 경제적 목표는 특정한 시대와 장소 내의 사회적 신체를 형성하는 정치적·문화적 의미의 범위의 측면에서 (틀림없이) 형성되어왔다.

특히 1980년대 이래 진보 좌파 정치의 아킬레스건은 경제·정치·문화의 관련성과 상호관계를 대부분 보지 못했던 것이었다. 그들은 신자유주의적 성공의 기저를 이루는 정치 동맹의 유동적 차원을 포착하는 데 실패했다. 신자유주의자들이 그들의 지지층을 형성하고 개조하는 동안, 그리고 정치적으로 효과적인 방법들로 그들의 경제적 목표를 정치·문화와 연결하는 쟁점·언어를 생산해온 동안, 진보주의자와 좌파는 그들을 교묘히 빠져나가는 이 카멜레온[신자유주의자]에 대한 명료한 인식에 실패하면서 점점 더 진영 싸움에 빠져드는 경향을 보였다.

1960~70년대에 진보 좌파 비평 및 사회운동의 급증과 확장은 갈등과 혼란뿐만 아니라 연대를 위한 비옥한 토양을 형성했다. 불평등과 불의의 가장 의미 있는 지점을 확인하는 것, 그리고 이를 공격하는 가장 훌륭한 수단을 발견하는 것은 항상 논쟁적인 기획이다. 하지만 사회운동의 범위(반인종주의자, 반제국주의자, 여성주의자, 레즈비언과 게이, 급진 노동자, 환경주의자)는 경제를 강조한 진영 또는 문화를 강조한 진영 중 어느 한쪽에 일반적으로 속하거나, 한쪽으로 쉽게 분류되지 않았다. 게이 해방 운동 신문은 반제국주의 선언, 인종주의적 법·교도소 체계에 대한 분석을 담았다. 흑인 페미니스트들은 자본주의, 가부장제, 인종주의의 상관관계를 추적하는 데 착수했다. 물론 이런저런 '억압의 벡터'를 우선시하고 다른 것들을 무시하는 활동가 대표단들 간의 쓰라린 싸움도 있지만, 경제/문화 분열은 1980년대까지는 미국 진보 좌파 정치에서 핵심적이고 지속적인 분리는 아니었다.

1960~70년대 진보 좌파 사회운동은 아마도 (상충되더라도) 중첩되고 상호 연결된 아래로의 재분배 문화로 개념화될 수 있을 것이다. 서로 다른 부문들은 언어와 개념, 실천과 정책에 의해서뿐만 아니라, 문화적·물질적 자원을 결합하는 운동단체들에 의해서도 연결되었다. 그러한 문화들은 서로 엇갈렸으며, 모든 형태의 불평등, 불의, 부자유에 대해 순수하게 또는 지속적으로 비판적이지도 않았다. 하지만 그러한 혼성적·잡종적 혼합체에서도, 진보 좌파 사회운동들을 연결했던 전반적인 강조점은 위계를 평등하게 만들고 재분배를 아래로 향하게 하는 압력이었다. 돈, 정치권력, 문화자본, 쾌락, 자유의 재분배를 추구하는 운동들은 1970년대 초 이래 위를 향한 (재)분배 문화를 건설하는 데 여념이 없는 친기업적 반대운동에 부딪쳤다. 기업과 금융의 이해는 사회운동보다 더 단일하거나 일관되지 않았다. 하지만 권력, 서열, 부, 문화적 지위의 불평등을 지지하거나 수립하는 메커니즘을 증진시키기 위해, 기업과 금융은 언어와 개념, 실천과 정책을 만들어내고 새로운 제도를 설립했다.

미국 내 삶의 수준이 하락하고 지구적 불평등이 확산된 1980년대 동안, 사회운동들은 어느 정도는 파편화됨으로써, 또 어느 정도는 모금의 중요성, 법적 제약, 선거정치라는 굴레 등 협소해진 지평에 적응함으로써 다양한 제약과 압력에 대응했다. 해체되어가는 사회운동의 장에서, 포함과 보상을 요구하기 위해 법적 체계·선거제도에 압력을 넣으려고 조직된, 오늘날의 의미에서 권리-주장에 집중하는 분열된 집단들인 정체성정치가 등장했다.[4] 로비 활동, 소송, 법제화, 또는 공적 교육과 미디어 교육에 전념하는 단일집단이나 단일의제 조직은 일찍이 더 큰 사회운동을 형성하는 오직 한 부분으로서만 존재해왔다. 잡다하게 연관된 여러 의제들을 둘러싼 개혁주의자에서 급진주의자에 이르는 광범한 이들을 동원하는 실용적 진영으로서, 그러한 조직들은 대체로 운동 문화와 긴밀하게 연결되어 존속했다. 하지만 '시민권 로비'로 총칭되는 이러한 조직들은 1980년대에 전체를 대체하는 부분으로서 나타나기 시작했다. 재생산 자유 운동은 쇠퇴했지만, 전국 낙태 권리 행동 동맹National Abortion Rights Action League, NARAL은 존속했다. 민권 및 흑인 권력 운동은 분쇄되었지만, 유색인종 발전을 위한 전국 연합National Association for the Advancement of Colored People, NAACP은 지속되었다. 조직적 노력의 대부분을 협소하게도 미국 국내 정치에, 심지어 법정 소송·법제화 투쟁·선거 캠페인에 집중하면서, 사회운동들은 확립된 자유경쟁의 언어·제도 게임에 참여하여 평등을 달성하라는 자유주의의 보잘것없는 약속에 굴복했다.

시민권 로비나 미디어와 시장을 겨냥한 저항과 압력의 정치에 적극 참여하는 이들 중 대다수는 아닐지라도 많은 이들이 '평등'의 약속을 자유주의적 개혁을 통해 제공되는 제한적이고 잘못된 의미로 이해하고 있었다. 이때 평등은 물질적 삶과 계급정치로부터 탈구되어, '소수자'로 정의할 수 있는 집단들에 의해 하나씩 획득되는 것이다. 그들은 종종 자유주의 고유의 언어와 법칙을 사용하여 자유주의적 평등의 한계를 넘어서는 변화를 강제한다는 희망을 품고 가능성의 정치에 참여했다. 각양각색의 급진적 조합운동이 제2차 세계대전 이후 뉴딜 협조주의에 대대적으로 포섭되면서 붕괴했듯이, 사회운동은 자유주의 개혁 분파를 그들의 가장 눈에 띄는 흔적으로 남겨놓은 채 와해되었다. 한편 더 급진적이고 변혁적인 사회운동 분파는 그럼에도 불구하고 살아남았다. 새로운 조직뿐만 아니라 계속 이어지는 조직과 캠페인의 넓은 영역에서, 그리고 진보 좌파의 지적·학술적 기획과 출판물의 증가를 통해 살아남은 것이다. 때때로 그 운동들은 이전에 그러했듯이 모두 함께 연대했다. 1980년대 에이즈 감염에 맞서 싸우기 위해 태어난 운동은 물질적이고 문화적인 평등의 포괄적인 비전을 가지고 정체성정치 및 시민권정치와 연결되었고, 정치적 개입의 창의적 범위를 구축하기 위해 활동가·이론가·예술가·과학자들의 자원에 의지했다.[5] 종합적으로 1960~70년대 사회운동의 유산은 정체성 기반 조직 및 1980년대의 시민권 기관과 더불어 아래를 향한 분배 문화로 지속되었다. 비록 1980년대에는 통상 덜 급진적인 의미였다고 해도 말이다.

하지만 1990년대에 새로운 일이 발생했다. 미국에서 보수적 정당 정치의 위치를 점하는 신자유주의자들이 1980년대에 그들의 정치적 승리를 확보하는 데 도움을 주었던 종교적 도덕주의자, 백인 우월주의자, 초超국수주의자, 그리고 다른 반자유주의 세력과 함께 천천히 비균질적인 '문화전쟁'의 동맹을 드러내기 시작한 것이다(앞에서 언급한 4단계). 빌 클린턴이 이끈 신자유주의적 신민주당원들은 아래를 향한 재분배적 충동과 효과는 무엇이든지 최소화하는 프레임 안에 시민권/평등정치를 포함시켰다(5단계). 그리고 어떤 조직들은 그들의 관

1980년대 동안 민권 및 흑인 권력 운동은 분쇄되는 한편, '시
민권 로비'로 총칭되는 조직들은 확립된 자유경쟁의 언어·제
도게임에 참여하여 평등을 달성하라는 자유주의의 보잘것없
는 약속에 굴복했다. 사진은 1963년 워싱턴 행진에 모인 군중
과 마틴 루터 킹 목사.

심사를 '시민권 로비'의 범위 내로 좁히고, 우파로 극적인 전향을 했다. 신자유주의가 만들어내는 전 지구적 불평등에 반대하기보다 협조하면서 말이다.

그러는 동안 양당의 신자유주의 용어에서 벗어나 활동하는 진보 좌파 활동가와 지식인은 경제 대₩ 문화정치, 정체성 기반 대 좌파 보편주의 수사, 이론적 비판 대 실천적 조직 캠페인이라는 비생산적인 전투에 빠져버렸다(4장을 보라). 가장 최근에는 21세기 초 적극적으로 스스로를 드러내고 효과를 만들어낸 새로운 반세계화 운동이 그러한 분할을 다시 생산적인 연결로 만들어낼 수 있는 공간을 제공하고 있다. 하지만 이것은 가능성일 뿐 성취가 아니다. 1990년대 신자유주의 정책들이 공적 삶을 위한 공간, 민주주의적 토론, 문화적 표현을 계속 위축시키는 동안, 좌파 역시 그들 고유의 판본을 통해서 유사한 일을 했다. 이것은 불가피하게 위를 향한 자원의 재분배라는 경제적 목표와 연결되었지만, 이를 알아챈 것은 매우 소수의 좌파뿐이었다.

『평등의 몰락』은 1990년대의 정치에 대한 분석이자 21세기를 위한 격렬한 비판이다. 이 책은 진보 좌파들이 경제 대 문화, 보편성 대 정체성 기반, 분배 대 인정 지향, 지역·국가 대 세계 분파로 분할된 것으로서 스스로를 제시하거나 재생산하는 한 늘 스스로 패배할 것이라 주장한다. 한편에서 정체성정치 진영은 점차적으로 지구적 자본주의에 대한 어떠한 비판으로부터도 분리되고 있다. 몇몇 조직과 집단은 신자유주의적 우리에 기어들어가서, 뼈만 남은 평등을 위해 아래를 향한 재분배라는 목표를 없앴다. 역설적이게도 지속되는 전체적인 불평등과 양립할 수 있다고 상상되는 그런 평등을 위해서 말이다. 따라서 그들은 단일 이슈만 다루는 정치가 단지 완화시킬 뿐 결코 역전시키지는 못하는 불평등을 충분히 떠안을 수 있는, 강력하고 야심찬 새로운 사회운동과 연결될 광대한 목표를 희생시킨다. 다른 한편에서 전 지구적 자본주의 및 신자유주의에 대한 비판들, 미국 내 좌파 포퓰리스트 또는 보편주의 정치는 문화정치와 정체성정치를 그들에 대한 위협으로 여기고 공격하거나 묵살한다. 이러한 공격은 그들에게서 창조적인 정치적 분석의 주된 원천을 없애며, 그들을 자신이 반대하는 문화정치와 정체성정치에 대한 몰이해 속에 남겨두게 된다. 게다가 그들은 사회구성원을 평등에 대한 추구에서 벗어나게 하여, 피상적인 신자유주의적 '다문화주의'라는 거짓 약속을 향해 몰아간다. 다시 말해서 그들은 자신들이 두려워하거나 비판적으로 상상하는 것을 창조해내는 데 가담한다.

『평등의 몰락』의 1장은 현대 신자유주의를 19세기 초 미국 자유주의 발전이라는 맥락에 위치 짓는다. 이 장은 자유주의의 범주들이 어떻게 당대의 정치와 계속 공명하는 경제, 정치, 사회, 문화, 개인적 삶 간의 잘못된 수사적 분리를 생산하는지 그 개요를 서술한다. 또한 신자유주의의 경제·정치·문화적 기획들의 구체적 상호관계를 조명하기 위해 복지 '개혁' 정치와 교도소의 확대를 검토한다. 2장은 오늘날에는 '문화전쟁' 동맹의 한 부분으로 남아 있는 미국 신자유주의 구성의 4단계에서 신자유주의 작동에 대한 사례연구를 제공한다. 이 장은 1997년 뉴욕주립대학State University of New York, SUNY 뉴팔츠New Paltz 캠퍼스의
여성학 콘퍼런스에서 시작된 성 공황sex panic을 추적하고, 거기서 나온
'도덕' 담론을 뉴욕 주 자치기관의 감세 의제와 연결시킨다. 공공기관
에 대한 이러한 공격 전략은 1970년대 초 주민발의안 13호Proposition 13*를
둘러싸고 조직되고, 캘리포니아에서 발홍한 조세 저항tax revolt으로 소
급된다. 3장은 5단계에 초점을 맞춘 또 다른 사례연구를 살핀다. 5단
계는 신자유주의 정책의 새로운 '다문화주의' 국면이 1990년대에 강
화된 것을 말한다. 이 장은 독립게이포럼Independent Gay Forum을 통해 조직
된 게이 작가 집단, 특히 앤드루 설리번의 글에 초점을 맞추어 그들의
핵심 주장을 뜯어본다. 이 작가들이 사용하는 협소하고 기만적인 '평
등'의 수사는 사실상 신자유주의 정치와 지구적 불평등에 대한 광범
한 지지를 생산한다. 마지막으로 4장은 운동을 한편에 경제정의 운동
및 반세계화 정치와 다른 한편에 정체성정치 또는 문화정치로 분리하
는 것이 전체 진보 좌파를 그릇되고 무능력한 단절로 이끈다고 주장
한다.

　전반적으로 이 책『평등의 몰락』은 신자유주의에는 변화하는 문
화정치가 존재한다고 말한다. 진보 좌파는 효과적인 대항을 구성하기
위해서 그 문화정치를 이해해야만 한다. 하지만 진보 좌파 분파들은
신자유주의 문화 기획에 집중하기보다, 자유주의의 경제/계급정치와

---

　*　'주민발의안 13호'는 1978년 캘리포니아 주에서 주민에 의해 발안된 고정자산
　　세의 과세 권한을 축소하는 주법 개정안이다.

정체성/문화정치라는 수사적 분리를 그들의 고유한 논쟁 속에서 재생산하고 있다. 이러한 분리는 정말로 정치적 분석과 행동을 불가능하게 한다.

신자유주의의 승리가 우리를 평등의 황혼으로 데려간다 해도, 이것은 바꿀 수 없는 운명이 아니다. 이러한 새로운 세계질서는 1970~80년대에 발명되었고 1990년대를 지배했다. 하지만 우리가 신자유주의의 불안정한 순간을 포착하여 그 몰락을 촉진하고 달성할 준비가 되어 있다면, 신자유주의는 지금 무너질지도 모른다. 오직 상호 연결되어 분석적으로 다양하고 서로에게 비옥한 자원이 되어주는 포괄적인 좌파만이 21세기 평등에 관한 새롭게 상상된 가능성의 순간, 우리를 다른 곳으로 이끌 순간을 포착할 수 있다.

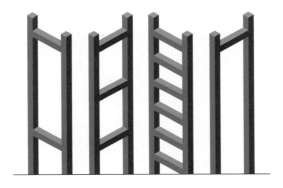

1장

신자유주의의 계보

테크놀로지의 마젤란, 소비자 상품의 코르테스, 엔터테인먼트의 피사로인 그 기업들은 영어를 쓰는 현대판 정복자들conquistadors*로서 주목을 받아왔다. 이들은 초기에는 네덜란드가, 그 다음에는 영국이 했던 세계화된 투자의 친척뻘인 이윤의 세계화를 반영했다. (…)

20세기 마지막 20년은 (…) 도금시대The Gilded Age**와 1920년대의 부패와 과잉의 정점과 공명한다. 도금시대 동안 미국의 부자들은 평상시 그들에게 가해졌던 정치적 제약에서 빠져나왔다. 이러한 추세는 새로운 세

---

* 여기서 '정복자들'이란 16세기 멕시코와 페루를 점령한 스페인 점령자나 지도자를 가리킨다.

** '도금시대'는 미국에서 1870~1900년대의 대략 30년 동안 급속한 경제성장과 사회 갈등이 동시에 이뤄진 시기를 말한다. 마크 트웨인의 소설 『도금시대: 오늘날의 이야기』에서 유래했으며, 도금이라는 말에서도 알 수 있듯이 심각한 사회적 문제들이 얇은 금박과 같은 경제성장에 의해 은폐되고 있음을 풍자적으로 가리킨다.

기에도 지속되었다. 1990년대까지의 자료는 미국이 서구의 특권과 불평등의 정점에 있던 유럽을 대체하고 있음을 보여주었다. 이것은 1880~1920년 동안 유럽에서 차르, 왕정, 대공이 주요 공격 대상이었던 것처럼, 미국을 테러리즘의 중요 표적이 되게 한 과정의 일부였다.[1]

우리는 위험하고 불확실한 시대에 살고 있다. 국제정치에서 다자 협력의 결렬로 인하여, 중동에서 미국의 제국주의 권력은 뻔뻔하게 다시 폭력을 행사하고 있고, 수백만 명의 운명은 소수의 손에 놓이고 말았다. 동시에 국가 간에서와 미국 내에서의 불평등은 아찔한 속도로 계속 증가하고 있다. 그리고 1990년대 후반 닷컴 거품*이 꺼지면서 시작된 장기 경제 침체에 대한 대응으로, 미국 정부는 사회 서비스와 공공복지의 예산을 축소하는 한편 국방 안보 비용은 더 늘릴 것을 제안했다. 21세기는 공포에 질린 채 출발했다.

그럼에도 불구하고 이 위험하고 비극적인 시작은 또한 미국 국내와 전 세계에서 다시 시작된 평등과 민주주의의 정치를 위한 기회이기도 하다. 베를린장벽이 무너진 1989년부터 시작해서 1990년대 내내 천하무적 같았던 신자유주의적 지배는 전례 없는 공격을 받고 있다. 1994년 멕시코와 1997년 아시아의 경제 금융 위기는 서구의 부유한 채권 국가와 빈곤한 개발도상 채무 국가 사이의 오랫동안 끓고 있

---

* '닷컴 거품'은 1995~2000년 텔레커뮤니케이션과 새로운 통신 미디어 기술 등의 발전으로 형성된 미국의 투기적인 거품 경기를 말한다.

던 갈등에 불을 붙였다. 미국 나스닥 지수*에 등록된 기술/닷컴 주식의 믿기 어려운 폭락은 투자자의 확신에 구멍을 냈고, 미국 중산층 상당수는 은행 계좌를 폐쇄했다. 이로부터 초래된 대중의 분노는 부패한 금융 관습과 광범위한 기업의 탐욕을 폭로했다. 그리고 중동에서 군사력의 사용은 유화적이라고 알려진 미국 국제 관계와 무역 정책이 강압적이라는 사실을 드러냈다.

하지만 이러한 각성과 폭로는 오직 우리가 그것을 장악할 준비가 되어 있는 경우에만 진보 좌파 정치를 위한 기회를 제공할 것이다. 신자유주의적 정책들의 미끈한 작동 속에서 격렬한 파열의 순간은 개량된 신자유주의적 헤게모니의 구성을 통해 보완되거나, 무자비함을 통해서 그리고 세계 인구 중 가장 부유한 1%의 이익을 위해 지구의 잉여를 추출해낼 준비를 갖춤으로써 재구축될지도 모른다. 또는 전 세계에 걸친 폭력과 불평등에 대한 반대와 저항은 우리의 역사적 항로를 바꾸기에 충분히 강한 새로운 사회운동으로 모아질 수도 있다.

희망을 북돋는 것은 많다. 1990년대 후반에 시작되어 매우 가시적으로 드러났던 신자유주의적 세계화 반대 시위와 이를 이은 21세기전 지구적 평화운동의 급속한 결집은 더 평화롭고 공정하고 민주적인 세계에 대한 희망이 널리 공유되고 있다는 것을 보여주었다. "자본가

---

* '나스닥'은 미국의 장외주식시장을 가리키며, '나스닥 지수'는 이 장외주식시장의 증권 시세를 전자식으로 보도하는 체계를 뜻한다. 컴퓨터에 의해 시세가 자동적으로 결정되기 때문에 중개인의 호가에 의해 매매가 이루어지는 뉴욕 증권거래소의 거래와는 차이가 있다.

들이 자본주의를 정말로 붕괴시킬 수 있다"라는 《뉴욕타임스》 기사가 말해주듯, 심지어 신자유주의의 '내부자들'도 그 위험을 보기 시작했다. 세계은행의 전 수석 경제학자 조지프 스티글리츠는 1980~90년대 동안 "워싱턴 컨센서스"가 "세계적 통치/정부government 없는 세계적 지배governance"를 비민주적이고 때때로 재앙적으로 강요했다고 맹비난했다. 공화당의 포퓰리스트 케빈 필립스는 국내와 세계의 "자유"시장이 신자유주의적으로 "군림하는 신학"이 됨으로써, 평범한 미국인이 치러야 하는 대가를 다음과 같이 목록화했다. 수입 감소, 임금 동결, 장시간 노동, 공동체와 사회복지의 축소, 축소된 민간/정부 서비스, 열악한 신체적/정신적 의료보험, 경쟁적 소비, 돈 중심 문화의 확산이 그것이다. 또한 이 장을 여는 글에서 말하듯, 그는 미국 제국주의를 테러리즘의 원인으로 진단했다.[2]

신자유주의의 내부자들은 개혁을 통해 신자유주의를 구원하기를 원하지만, 그중 특히 과도하게 걱정하며 비탄하는 이들은 그들이 설명하는 조건을 만들어낸 신자유주의적 기구와 정책을 단순히 개혁하기보다 대체해야 하는 이유를 제시한다. 따라서 대안적 비전을 제시하고 조직하며 무엇인가 다른 것을 건설하기 위한 기회가 진보 좌파 앞에 열린다. 하지만 신자유주의 기획에 대한 포괄적 이해가 없다면 이러한 기회를 포착하는 일도 불가능할 것이다. 그리고 좌파와 경제정의를 위한 캠페인의 활동가들이 문화정치, 정체성정치를 주변적이고 사소하며 분리주의적이라고 기각하는 한, 그러한 이해는 난국에 봉착할 것이다. 신자유주의는 문화정치와 정체성정치를 통해서 구축되었다. 따라서 그러한 사실에 직접 조응하는 분석과 구성원이 없는 운동으로는 신자유주의를 해체할 수 없다. 또한 문화적 정체성 쟁점들을 그것이 배태된 정치경제학으로부터 분석적이고 조직적으로 분리하는 한, 새천년을 위한 세계적 정치의 재발명이라는 작업에 개입할 만큼 강하고 창조적이고 다양한 새로운 사회운동을 건설하는 일은 불가능할 것이다.

진보 좌파는 다음을 이해해야 한다. 신자유주의는 자유주의Liberalism의 20세기 후반의 화신으로서, 그것의 물질적·정치적 삶을 경제계급과 국적, 또는 민족과 종교의 측면뿐만 아니라 인종, 젠더, 섹슈얼리티의 측면에서도 조직한다. 하지만 자유주의가 (그러므로 신자유주의역시) 인간의 활동과 관계를 분류하는 범주들은 이러한 조직하는 용어들 간의 연결을 적극적으로 불명료하게 만든다. 이러한 추상적 주장은 설명과 실례, 그리고 역사적 우회로를 요구한다. 따라서 1970년대 이후 신자유주의의 구체성에 대한 정확한 설명을 위해, 우리는 먼저 간략하게 자유주의의 역사를 추적하고, 미국에서 그 핵심 용어와 범주가 수립된 시기인 19세기 초반을 엄밀히 조사할 것이다.

한데 묶여 자본주의라고 칭해지는 교환의 실천과 제도들은 앵글로-유럽에서 봉건주의가 해체되는 몇 세기에 걸쳐 느리고 불균등하게 등장했다. 발전하는 생산과 교환의 제도들은 새로 등장한 국민국가의 풍경을 가로질러 변화해온 혁신의 중심으로서 산발적이고 즉흥적인 실천들을 조직했다. 변화 과정은 종종 원래의 위치를 바꿨고 때때로 폭력적이었으며, 생산과 교환의 새로운 양식에 대한 이익과 비용은 불평등하게 배분되었다. 17세기까지 자유주의라고 알려진 사유, 가치와 범주들은 국민국가를 통해 관리되는 자본주의 경제를 위한 정치 이론으로 결합하기 시작했다.

존 로크, 애덤 스미스와 같은 자유주의 사상가들은 자본주의를 위한 일련의 은유, 잘 조직된 서사, 도덕적 변호론을 제공했다. 그들은 또한 국가, 경제, 인구 간의 관계에 대한 '적절한' 규제의 지도를 제공했다. 자유주의 사상가들 사이의 의견은 일치하지 않았고, 그들의 사상은 자본주의의 형태 변화와 국민국가의 진화와의 관계 속에서 조금씩 오랜 시간 동안 변화했다. 하지만 자유주의의 핵심 용어들—공적인 것 대 사적인 것—은 국가, 경제, 시민사회, 가족과 같은 주요 범주와 마찬가지로 상대적으로 일관되게 남아 있다. 자유주의의 다양한 형태는 이러한 범주를 다소 다르게 정의하며, 공적인 것과 사적인 것을 이 범주에 배정하는 방식도 다르다. 하지만 자유주의 아래 집합적 삶의 가장 공적인 장소가 항상 공공성의 '적절한' 위치로서의 국가라면, 가장 사적인 장소가 가족이라는 점은 공통적이다. 경제와 시민사회는 일반적으로 공적이기보다 사적이라고 간주된다. 하지만 이 두 장소는 (국가의 강압성이나 가족의 열정적이고 권위적인 관계와 대조적으로) 공적 기능과 사적 기능을 모두 가진, 자발적이고 협력적인 합리적 행위의 혼합된 장소로서 나타난다. 자유주의의 분석적 힘은 대부분 국가를 경제로부터 구분 짓고, 특히 경제적 삶, 시민적 삶, 가족생활을 규제하기 위한 국가의 힘의 윤곽을 그리는 방향으로 나아갔다.

자유주의의 핵심 용어와 범주들은 수사적이다. 그것들은 단순히 '진짜' 세계를 묘사하는 것이 아니라, 집합적 삶을 이해하고 조직하는 단 한 가지 방식만을 제공한다. 한편으로는 국민국가 내부에서뿐만 아니라 국민국가들을 가로지르며 계급, 인종, 젠더, 섹슈얼리티의 불평등, 부와 권력의 명백한 불평등을 숨기면서, 자본주의 아래 삶의 여러 측면을 불명료하고 신비로운 것으로 만든다. 불평등은 일상적으로 '사적' 삶으로 할당되고, '자연스러운' 것으로 이해되며, 국가의 '공적' 삶에서는 고려되지 않는다. 다른 한편으로 자유주의의 아이디어들은 점점 더 상식이 되고, 그들의 가르침에 따른 실천과 제도를 창조하고 다시 만든다.[3]

앵글로-유럽의 자유주의는 19세기 초 미국이라는 새로운 국민국가의 조건에 맞게 각색되었다. 인종적 노예제도에 노골적으로 영합하는 동시에 백인 남성들 간에는 형식적인 정치적 평등을 주장하는 것이 그러한 핵심적 변화 중에서 대표적이다. 이러한 변화들은 천천히 진행되었다. 보편적 백인 남성 참정권은 이러한 평등의 보장 중 일부이다. 1810년까지 투표 자격으로서 재산 소유가 각 주에서 차츰차츰 제거되었다. 말하자면 완전한 시민권을 위한 요구 조건은 경제, 인종, 젠더, 종교 또는 계보학적 특성의 복잡한 배치로부터 더 단순한 정체성의 지표인 백인과 남성으로 바뀌었다. 수많은 재산 없는 백인 남성이 새롭게 참정권을 획득했기 때문에, 이러한 변화는 종종 민주주의의 확장으로 해석된다. 하지만 백인 남성 참정권의 법제화는 사실 민주주의를 억제한 것이기도 했다. 재산을 소유한 몇몇 여성과 노예 상태에서 해방된 흑인 남성은 새 법안에 의해 참정권을 박탈당했다. 하지만 더 중요한 것은 투표 요구 조건에서 재산을 제거함으로써, 주로 사적인 것으로 이해되는 경제가 공적이고 민주적으로 책임이 있는 (이론상 백인 남성) 국가로부터 더 완전히 (수사학적으로) 분리되었다는 점이다.[4]

　백인 남성 보통선거권과 함께 국가 참여에 대한 형식적 평등은 발전 중인 미국 산업자본주의의 '자연스럽고' '사적인' [영역에서의] 불평등과는 더 쉽게 구분되었다. 백인이라는 정체성 표지는 노예를 공적인 삶의 참여자가 아닌 재산으로 셈하면서 인종적 노예제도를 민간/사적 경제의 일부로 규정하는 한편, 영국계가 아닌 유럽 이주민과 원주민을 시민권으로부터 깔끔하게 격리시켰다. 남성이라는 정체성 표지는 가족을 백인 남성 세대주의 권위 아래에 놓인 여성과 아이들을 위한 사적인 영역으로서 암묵적으로 분리했다. 따라서 노예가 된 흑인, 백인 여성, 그리고 그 자녀들은 개별 백인 남성에 의해 통치되는 사적 세계에서 소유물(재산으로서의 노예, 종속적인 피부양자로서 여성과 아이들 같은 다양한 방식)로서 정의되었다. 동시에 원주민, 비백인 이주민, 노예가 아닌 자유 흑인은 공식 시민권 바깥에서 모호한 지위만을 차지했다.

　미국에서 자유주의의 이 특정한 예시는 결코 고정되거나 안정적인 것이 아니다. 그 용어의 범주들은 결코 현실을 전적으로 반영하거나 통제하지 않았다. 자유주의적 수사를 통해 경제, 시민사회, 가족으로부터 국가를 분리하는 방식으로는 집합적 삶의 형태들의 복잡한 실재의 상관관계를 결코 묘사할 수 없다. 말하자면 경제의 작동은 그것을 지원하고 규제하는 국가에 달렸다. 시민사회는 경제와 정치적 불평등에 의해 계층화되었고, 가족은 국가가 정의하고 규제하는 결혼제도에 기반하게 되었다. 경제는 국가 제도와 가족의 삶을 위한 물질적 기초를 제공했다.[5]

19세기 초부터 계속해서 '자유주의적인'과 '보수적인'이라는 용어는 미국에서 자유주의적 자본주의의 지붕 아래 끊임없이 변하는 입장의 윤곽을 그려왔다. 인종 분리 정책과 경제적 불평등의 새로운 형태가 노예제도를 대체했을 때, 19세기 후반부터 20세기 사이에 결혼에 대한 법이나 젠더에 따라 정치·경제적 권리를 조직하는 것이 도전받고 바뀌었을 때, 자유주의의 영역에서 [정치와 경제의] '적절한' 관계에 대한 개념들이 논쟁의 대상이 되었다. 정치적·문화적 스펙트럼에 따라 '자유주의적'이고 '보수주의적'인 위치는 그러한 적절한 관계에 대한 역사적으로 구체적인 주장들로 나타났다. 예를 들어 20세기 초반의 진보 시대The Progressive Era* 동안 '자유주의적' 진보주의자들은 적어도 부분적으로는 '공적'으로 여겨졌던 경제적 관계, 이를테면 노동시간

---

* '진보 시대'는 1890~1920년대 동안 산업화, 정부의 부패, 이주 도시화로 인해 비롯된 사회문제를 제거하기 위해 처음에는 지방에서, 이후에는 전국적으로 사회운동과 정치 개혁이 활발히 벌어졌던 시대를 말한다. 이 시기 여성 참정권 운동이 활발했으며 국민소환제와 같은 제도가 오리건 주에서 처음으로 만들어졌다. 또한 미국 노동 총동맹(American Federation of Labor)은 민주당과 정치적 동맹을 맺기 시작했다. 동시에 몇몇 진보주의자들은 과학이라는 이름으로 우생학을 지지하기도 했다.

과 노동조건과 같은 것을 규제하기 위해 국가의 권력을 확대해야 한다고 주장했다. 반면 '보수주의자들'은 그러한 규제가 '사적' 재산과 계약 권리에 대한 부적절한 방해라고 여겼다.

다양한 층위의 급진주의자들은 때때로 자유주의적 범주 그 자체를 공격했지만, 이러한 공격은 미국의 자유주의적 자본주의 역사상 중요한 단계마다 성공적으로 주변화되었다. 경제, 국가, 시민사회, 가족에 대한 자유주의적 분리는 진보 좌파 정치를 형성했지만, 계급정치(경제적 불평등에 대한 비판)와 정체성정치(시민권과 시민적 참여에 대한 배제와 가정생활에서의 위계에 대한 저항)를 분리함으로써 진보 좌파 정치를 궁극적으로는 불가능하게 만들었다. 흔히 이러한 분리는 1968년 이후의 급진/진보/좌파 정치로부터 기원했다고 여겨진다. 하지만 사실 이는 19세기 초반 이래로 자유주의의 범주에, 특히 미국식 자유주의에 내재된 것으로서 급진정치의 범위를 제한해왔다. 예를 들어 미국에서 노예폐지론과 여성 참정권 운동은 농업 급진주의, 전투적 노동운동, 사회주의 또는 무정부주의와 부분적으로만 중첩되었다.[6]

19~20세기에 걸쳐 '공적'이고 '사적'인 제도와 '가치들'에 대한 경합하는 관념과 평가들은 우리가 '자유주의'와 '보수주의'이라고 생각하는 정치적 입장을 자유주의Liberalism적 사상 안에 있는 위치로서 조직했다. 제2차 세계대전 이후 이러한 입장의 현대적 버전이 뉴딜과 자유주의적 복지국가의 윤곽 그리기를 둘러싼 전쟁에서, 그리고 미국식 인종 분리 정책에 도전하는 민권 운동에서 등장했다.

1950~60년대 동안 자칭 '보수주의자'들은 뉴딜 초기에는 공적/국

1980년대 초반 이래 서구 국가 정책을 형성한 신자유주의는
국제적인 금융기관을 지배하는 친기업, '큰 정부' 반대, '자유
시장' 수사 등에 대한 이름으로서 두드러졌다. 사진은 1988년
백악관에서 회담을 하고 있는 로널드 레이건 미국 대통령과
마거릿 대처 영국 수상.

가적이었던 행동이 경제권력이라는 '사적인' 보루와 시민사회 또는 문화까지 확장하고 있다며, 이것을 '자유주의적'인 것이라고 낙인찍었다. 민권 운동 투쟁이 국가에서 더 나아가 '민간의' 고용 관행, 시민 제도, 공공시설에서의 인종적 자유를 요구(예컨대 식당, 호텔, 기차, 버스에서 고용될 때의 차별 관행뿐만 아니라, 그 시설을 이용할 때의 차별적인 분리도 철폐하라고 요구)하는 데 대해서, 반대자들은 '급진적' 혹은 '자유주의적'이라고 묘사했다. 비록 뉴딜 시대의 사회복지 제도와 민권 운동은 서로 달랐고 효과적인 활동을 위해 다양한 신념을 내세워 여러 분파들이 싸웠지만, '보수주의자들'은 흔히 양쪽 다 국가를 확장하고 자유와 '사적' 경제, 연합적 삶, 가정생활의 특혜를 축소하는 노력이라고 똑같이 취급하면서 강하게 공격했다.

1950~60년대에 이러한 '보수주의자들'은 국가의 공적 삶을 가능한 한 다시 사사화해야 한다고 주장했다. 보수주의자들이 출산이나 같은 인종끼리의 결혼 이외에는 가정과 성적 삶에 대한 국가의 개입을 반대하지 않았고 사생활에 대한 보호도 부인했던 특유의 모순적 행동을 예외로 하고 말이다. 따라서 그들은 국가의 간섭에 대해 반대하며 경제와 시민사회에서의 더 많은 사생활을 옹호했지만, 친밀하고 성적인 삶과 가족에 대해서는 의견을 바꾸어 더 적은 사생활을 옹호했다. 예를 들어 이들은 인종 간 결혼, 낙태, 산아제한, 남색 또는 성적인 주제의 문화적 표현을 금지하고 범죄화하는 법 형태로 나타나는 국가의 간섭을 지지했다. 여기서 보수주의자들은 이러한 법을 제거하기 위한 '자유주의적' 노력의 저항을 받았다. 따라서 경제와 집

합적 활동의 전장에서, 보수주의자들은 국가를 나쁘고 강압적이고 자유를 침범하는 압력으로 재현했다. 반면 뉴딜을 지지하는 케인스주의적 자유주의자와 많은 좌파는 민주적으로 책임 있는 '공적' 국가가 접근권의 평등(항상 물질적·문화적 자원의 분배에서의 평등은 아닐지라도) 보장에 관심을 가질 것을 촉구했다(여기서 자유주의자와 좌파는 보통 부분적으로나마 동료이다). 개인적이고 성적인 삶과 가정이라는 무대에서, 보수주의자들은 '사생활'을 오직 선호되는 [같은 인종 간 이성애 결합] 가족 형태에만 부여하고, 그것에서 벗어난 친밀한 관계에 대한 국가 규제는 사회질서의 이름으로 지지했다. 자유주의자들은 양가적이고 불균등했지만, 점점 더 모두가 국가 개입으로부터 성적 사생활이나 가정의 사생활을 자율적으로 또는 자유롭게 보호받을 수 있는 권리를 옹호했다.

더 큰 정치적·역사적·철학적 틀에서 보자면, 1950~60년대의 '자유주의'와 '보수주의'는 미국의 정치적 기획을 그 시작부터 정의해왔던 자유주의Liberalism의 변형이었다. 하지만 1970~80년대를 거치면서 1950~60년대의 자유주의는 '구식 자유주의' '중세 자유주의' '복지국가 자유주의' '시민권과 재정 지원 자유주의'가 되었다. 1949년 아서 슐레진저가 '핵심 중도the vital center*'라 묘사한 지배적인 정치적 형태[즉

---

* 공산주의와 파시즘 모두를 비판하고 온건한 보수와 비공산주의 좌파 등을 포괄하는 개입주의적 자유주의를 주장한 슐레진저의 책 제목이 『핵심 중도(*The Vital*

자유주의가 이제는 중도보다 왼쪽에 위치한 것으로 여겨진다. 한때 스스로를 자유주의자나 좌파라고 정의했던 새로운 '신보수주의자들'(네오콘)이 1980년대에 이르러 그들이 도망쳐 나온 민권 운동, 흑인 급진주의, 복지국가의 성장, 1960년대의 반문화운동, 1968년 이후의 새로운 페미니즘과 게이 해방 운동, 신좌파, 그리고 민주당을 공격했기 때문이다. 1940~50년대 동안 스스로를 전통 보수주의자로 정의했던 이들은 [1980년대 당시] 쉽게 네오콘을 받아들이지 않았다. 그들이 봤을 때 네오콘은 얼마 전까지만 해도 자유주의적 성향으로 보수주의를 더럽혔기 때문이다. 하지만 로널드 레이건이 대통령에 당선됨에 따라 1980년대 동안 네오콘은 미국의 보수주의적인 정치적·지적 움직임들에 통합되었고, 이것은 미국 정치에서 '중도'라고 인식되는 지점을 더 오른쪽으로 향하도록 만들었다.

1990년대 동안 새로운 자유주의가 등장했다. 그것은 '구식' 자유주의와 반대되는 것으로서 민주당 지도자 협의회Democratic Leadership Council의 신민주당원이 시작했고 빌 클린턴이 주도했다. 이 새로운 자유주의는 미국 정치에만 국한되는 형태가 아니라, 많은 서구 국가에서 출현한 '제3의 길' 정치와 공명한 것이었다. 이 정치는 '구식' 자유주의와 보수주의적 정당 및 정책 사이 어디쯤에 자리하는 것으로 정의된다. 다양

Center)』(1949)이기도 하다. 간략한 소개로는 슐레진저가 책 출간 전 자신의 주장을 담은 《뉴욕타임스》 칼럼 "Not Left, Not Right, But a Vital Center"(1948년 4월 4일, http://www.nytimes.com/books/00/11/26/specials/schlesinger-center-mag.html)를 참고하라.

한 '제3의 길' 정당과 지도자들은 시장 친화적이고 기업 친화적인 '자유무역'을 위한 국가적·국제적 정책과, 서구 복지국가의 축소된 사회민주주의와 사회정의 프로그램 중에서 남은 자투리를 결합하기 위해 애를 썼다. 제3의 길 지지자들은 기업 경영관리 원칙에 입각해서 작동하는 효율적이고 더 작은 정부를 옹호했고, '시민사회'(또는 '자원봉사 부문')와 '가족'이 사회안전망 공급에 있어서 중요한 역할을 담당해야 한다고 주장했다.

(더 적은 사회복지 서비스와 더 많은 '법질서'로 상징되는) 빈약하고 인색한 정부, 국가가 지원하지만 '민영화'된 경제, 활기차게 사회적 책임을 지는 시민사회를 옹호하고, 젠더화된 결혼과 함께 가족을 도덕의 문제로 만들면서, 1990년대의 새로운 자유주의적 중도주의는 1980년대의 보수주의와 통합되었다. 이 통합은 '신자유주의적' 위치를 정의했다. 이 신자유주의적 위치는 조지 W. 부시 식의 '온정적 보수주의자'뿐 아니라, 1990년대 좌파/중도 성향의 신민주당원을 포함하는 확장적 중도파를 규정했다. 좌파, '구식 자유주의자', 다문화주의적 '특수 이해' 집단, 그리고 종교적 도덕주의자와 노골적인 인종주의적 민족주의자로 구성된 우익(어떤 면에서는 "고_古보수주의paleoconservatives*라고 할 만한)은 점차적으로 정치권력과 주류의 시야로부터 주변화되고 배제되었다.

---

* '고보수주의'는 미국에서 전통, 제한된 정부, 시민사회를 강조하고 서구적·종교적·정치적·지역적 정체성을 중요시하는 보수적 정치철학 경향이다.

즉 미국과 영국에서 레이건과 대처 체제의 '보수적' 정책에 붙일 수 있는 정치적 꼬리표인 신자유주의는 1980년대 초반 이래 서구의 국가정책을 형성하고 국제적인 금융기관을 지배하는 친기업, '큰 정부' 반대, '자유시장' 수사 등에 대한 이름으로서 두드러졌다. 이 '신'자유주의는 특정한 일련의 이해와 정치적 개입의 집합이 아니다. 오히려 합리적인 존재 방식이자 전 세계에 걸쳐 경제적 팽창과 민주적 정부라는 보편적으로 선호할 만한 형태를 촉진시키는 일종의 비非정치다. 누가 더 많은 부와 더 많은 민주주의에 반대할 수 있단 말인가? 특히 1980년대 말 소련 붕괴 이후 신자유주의자들은 미국 모델에 대한 모든 대안들인 파시즘, 공산주의, 사회주의는 물론, 사회민주주의자, 노동운동, 케인스주의자가 옹호한 상대적으로 온건한 복지국가 모델마저 실패했다고 주장해왔다. 반면 그들은 신자유주의 정책으로 인해 미국과 영국을 비롯한 전 세계에서 경제적 불평등이 급속하게 확장하고 있으며, '민주주의'에 대한 참여 비율이 급속도로 감소하고 있다는 사실은 공표하지 않았다.

세계 정치에서 서구의 정치 지도자와 경제 엘리트들은 신자유주의 정책이 사적 자유의 정점이며, 중립적인 규제 틀 내에서 부를 최대한 확장할 수 있도록 해준다고 지지해왔다. 하지만 실제로는 지구적 문제에 대한 신자유주의 해결책을 선전하는 기구들은 억압적 도구를 통해 서구의 재정적이고 상업적이며 무역 중심지와 관련된 특정한 이익을 발전시켜왔다. 예를 들어 이들은 궁핍한 나라에 조건적 대출을 제공하고서는, 한쪽에게만 유리한 무역협정에 응하도록 요구한다. 국제통화기금, 세계은행, 세계무역기구의 실천들은 '세계화'라는 용어가 함의하는 경제적·문화적 흐름들을 위한 '중립적'인 국제적 구조를 만들어내지 않았다. 오히려 세계의 가난한 지역에서 서구로, 특히 1990년대에는 미국으로 부와 권력의 이동을 초래했다. 심지어 신자유주의의 '내부자' 비평가들도 국제금융기구들이 주로 서구의 채권자와 기업의 직접적 이익을 위해 행동하면서, 부를 세계의 가장 가난한 지역에서 가장 부유한 지역으로 이동시킨다고 지적할 정도였다. 이러한 실천들은 신자유주의 세계화에 대한 옹호자와 후원자들이 약속한 전 세계적인 민주화와 광범위한 부의 확장이 아니라 서구 제국주의를 재발명했다.[7]

이러한 신자유주의는 일반적으로 경제정책이나 무역정책과 관련되어 있다. 따라서 신자유주의의 문화정치는 미국과 서구의 문화제국주의의 경제적·정치적 메커니즘에 대한 논의 내부에서만 주로 다뤄질 뿐 상대적으로 거의 논의되지 않는다. 미국에서 벌어진 과거 20년 동안의 '문화전쟁'은 재정 및 금융 정책과 무역협정과 경제적 지표들, 즉 신자유주의 정책으로 인식된 영역에 대한 질문과는 분리되어 이뤄졌다. 하지만 신자유주의의 심각하게 반민주적이고 반평등적인 의제는 문화와 교육에 대한 공적 기금 사용부터 복지 개혁을 위한 '도덕적' 기반까지, 소수자 우대정책부터 결혼과 동거동반자 논쟁까지를 포괄하는 문화정책 영역의 넓은 범위에서 공적 논의들을 형성해왔다. 신자유주의는 1980년대 레이건·대처 이래 '신자유주의적' 장소를 정의해온 모순적이고 내부적으로 경합하는 경제 및 무역 정치와 다르지 않은, 사실상 모순적이고 경합하는 문화정치를 갖는다.[8]

신자유주의의 가장 광범한 문화적 기획인 전 세계 문화의 '시장 문화'로의 변형은 엇갈린 실적을 보여준다. 미국과 전 세계에서 서구 자유주의의 핵심 영역인 국가·경제·가족·시민사회 사이의 관계를 확립하거나 개조하려는 신자유주의적 노력은 솔직히 말해서 거의 성공하지 못했다. 세계 대중을 위한 평화와 번영의 선구자인 체하지만, 신자유주의적 정책 입안자들은 사실상 특정한 곳에서만 평화를 창조했을 뿐이고, 다른 곳에서는 전쟁을 창조했다. 그들은 몇몇 이들에게만 번영을 안겨주었고, 더 많은 다른 이들에게는 생태적 파괴와 빈곤을 안겼다. 신자유주의 정책의 대상이 되는 사람과 기관들은 협력하지 않으며, 사람들은 예측 불가한 방식으로 신자유주의적 변화의 시행을 환영하고 적응하거나 그에 저항한다. 하지만 신자유주의를 위협하지 않는 세계를 창조하려는 노력은 성공했다. 신자유주의의 핵심 용어인 사사화privatization와 개인의 책임은 서구 자유주의의 영역에 성공적으로 부과되었고 다시 쓰였다. 이러한 용어는 미국과 해외에서 신자유주의의 문화와 그 경제적 비전 사이의 핵심 교차점을 정의한다(2장과 3장의 사례연구를 보라).

새천년으로 전환하던 시기에 신자유주의의 주된 전략은 사사화[민영화였다. 이 용어는 부와 의사 결정이 대중과 어느 정도 책임을 지는 정책 결정 기구에서, 개인이나 기업과 같은 책임지지 않는 자들의 손으로 넘어갔음을 가리킨다. 신자유주의자들은 근본적으로 '사적'인 데도 부적절하게 '공적' 무대에 올라가 있다고 여기는 경제적 사업들의 민영화를 옹호한다. 그럼에도 그들은 더 나아가 명백한 공공 서비스와 공적 기능(교육, 쓰레기 수거, 교도소 건설과 운영, 문화적 생산) 또한 사적 영리를 추구하는 이들이 관리해야 한다고 주장한다. 신자유주의자들은 경제적 활동을 자발적이고 강압적이지 않은 사적 자유 및 생산성, 효율성, 부의 팽창과 등치하는 19세기 자유주의를 재활용하고 갱신하면서, 모든 사적 영역에 대한 보호를 바람직한 것으로 제시했다.

이 [공적인 것과 완전히 분리된] 사적 세계는 역사적 현실이 아니라 상상적 구성물이다. 비효율적이고 수익을 얻을 수 없는 '사적(민영)' 산업들은 관례처럼 정부 지원, 심지어는 직접 원조를 요청하고 그 혜택을 받는다. 그리고 사실 몇몇 민영화된 서비스의 더 나아진 '생산성'은 경영자적 통찰력보다는 더 낮은 임금을 받는 노동자와 더 낮은 질의 재료로 대체하면서 가능해진 것이었다. 따라서 자유롭고 효율적이라고 알려진 민영기업 체계는 경험적 현실로서 작동하는 것이 아니라, 억압적이고 느릿느릿하며 무능하고 참견하는 제2차 세계대전 이후의 정부들, 즉 몰락한 전체주의 정권부터 침체되거나 파산한 복지국가에 이르는 정부와 대조되는 유령적 이상으로서 작동한다.

물론 이러한 수사학적 세계는 신자유주의 정치인이 주창한 '실제 존재하는' 정책과 어떤 방식으로도 일치하지 않는다. 이들은 '민영' 사업에 대한 정부 지원, '자유'시장 규율의 효과를 약화시키기 위해 규제된 경제적 경쟁, 그리고 다양한 복지국가 프로그램(특히 더 많은 부유한 유권자에게 이익을 주는 것)을 옹호하기 때문이다. 따라서 실제 정책 논쟁들에서, 작동하는 공과 사의 수사를 적용하는 기획들은 꽤 복잡해진다. 국가가 '민간' 사업의 이익을 지원하기 위한 행동을 취할 때, 예를 들어 보조금을 주거나 구제금융을 할 때, 그것은 [신자유주의자들에게] 좋은 것일 수 있다. 하지만 국가가 '공적인' 이해를 위해서 행동할 때, 예를 들어 빈곤층을 위해 주택을 제공하거나 환경보호를 할 때, [신자유주의자들에게] 그것은 간섭적이고 억압적이며 나쁜 것이 된다. 정부 활동에 대한 논쟁의 적절한 범위는 상대적으로 협소한 것, 예를 들어 통화와 재정과 무역 관련 정책, 사회 인프라 유지, '야경꾼'으로서 재산 보호, 법과 질서의 조치를 다루는 것으로 이해된다. 따라서 '사회안전망'을 제공하고 공공기관을 위한 새로운 지원을 하며 국가의 행동을 확장했던 20세기 중반의 서구 복지국가와 비교하여, 신자유주의는 물질적 생산과 분배의 모든 영역에서 평등과 민주적·공적 삶의 범위를 극적으로 축소한다.

문화적인 삶과 개인적 삶에 대한 정책 분야에서 신자유주의는 일반적으로 더 두드러지게 모순적이다. 신민주당원부터 '온정적 보수주의자'에 이르는 신자유주의 정치인과 조직은 더 혹은 덜 자유주의적이거나 자유지상주의적이거나 사회적으로 보수적인 의제들의 상대적 장점에 대해 논쟁한다. 대부분은 호소와 회유를 위해 기획된 일종의 생산적인 비일관성을 통해 명백히 모순적인 입장들을 유연하게 결합한다. 예를 들어 빌 클린턴 대통령은 소수자 우대정책, 사형제도, 낙태의 권리, 결혼보호법 Defense of Marriage Act*을 동시에 지지했다. 하지만 특히 미국에서는 이러한 영역에서 이뤄지는 논쟁과 입장의 유동성이 한편으로는 종교의 도덕적 보수주의와 민족주의 우파, 다른 한편으로는 진보 좌파의 인지된 '다문화주의적' 인식과 '시민권 의제' 사이에 놓인 '제3의 길' 수사를 향해간다. 이 수사는 사회적 재생산의 비용에 대한 사사화를 촉구한다. 즉 인간의 부양 욕구와 더불어 가정과 시민사회에서 작동되는 개인적 책임감을 통해, 그 비용의 부담을 국가 기관에서 개인과 가정으로 이동시킨다. 이 과정은 공적 기금을 대폭 감소시키는 감세를 요청하는 반면, 부유한 자의 '사적인' 손에 더 많은 돈을 남긴다.

사사화와 개인적 책임은 유효한 개념이 되어 오늘날 정책 논쟁의 수사들을 가로지르며, 정체성정치와 신자유주의의 위를 향한 재분배 운동을 모호하게 하면서 경제적 목표와 문화적 가치를 결합시킨다.

---

* '결혼보호법'은 이성 간의 결합만 결혼으로 인정하며, 동성 파트너는 배우자로 인정하지 않는 법안이다. 1996년 클린턴 대통령 정부에서 입법되었다. 2013년 6월 미국 연방대법원은 미국 대 윈저(United States v. Windsor) 재판에서 이 법률이 위헌이라고 판결했다. 원고인 윈저는 자신의 오랜 동반자 시아와 캐나다에서 결혼했지만, 미국에서는 배우자로서 권리를 인정받지 못하고 있었다. 시아가 사망하여 상속받는 재산에 대해 미 국세청이 결혼보호법을 근거로 이성 배우자가 받을 수 있는 상속세 혜택을 제공하지 않자, 그녀는 소송을 시작했다. 2015년 미국 연방대법원은 동성결혼이 미국 전역에 적용되는 권리라는 판결을 내렸다.

이 개념들은 복지 '개혁'과 '법질서' 계획이라는 두 일반적 정책 영역에서 특히 유용했다. 신자유주의 경제정책과 문화 기획 사이의 관계는 바로 이 두 정책 영역에서 예증되었다. 이 두 영역에서 신자유주의자들은 '사적' 경쟁, 자부심, 그리고 개인적 책임감의 뿌리로서 독립성을 고취해왔으며, 특정 집단에 대한 '공적' 재정 지원 혜택, 의존성, 무책임을 사회적 해악의 근원이라고 맹비난해왔다. 그리고 이 복지 개혁과 법질서의 두 무대에서, 국가정책은 계급과 국적뿐만 아니라 인종, 젠더, 섹슈얼리티의 위계에 기반한 정체성정치와 문화정치를 반영하고 실현하고 법제화한다.

지난 20년간의 복지 개혁과 법질서 정치는 명백하게 신자유주의적인 경제적 비전과 그 문화적 기획 사이의 긴밀한 상호관계들을 나타냈다. 미국과 전 세계에서 기업 이윤을 증대시키는 목표는 한 번도 인종, 젠더, 섹슈얼리티의 위계에 대한 재접합rearticulation과 분리되어 추구된 적이 없다. 많은 좌파와 진보주의자와는 달리 신자유주의자들은 단순히 물질적 목표와 정체성정치 사이에 중요한 차이가 있다고 가정하지 않는다. 그들은 정체성정치를 재분배적 목적을 모호하게 만드는 데 이용하고, '중립적'인 경제정책 용어를 사용해서 그들이 정체성 기반 위계에 힘을 쏟고 있음을 감추려고 한다. 또 동시에 그들은 근본적으로 자유주의의 계략, 즉 정체성정치와 계급정치 사이에 명백한 경계가 있다는 주장을 받아들이는 실수를 하지 않는다.[9]

1990년대 동안 국가 기금을 사용하여 특정 집단에게 재정 지원 혜택을 주는 것과 같은 사회적 비용과 노동비용을 삭감하려는 오랜 노력의 정점으로서 복지 '개혁'이 법제화되었다. 이는 1960~70년대에 떨어지기 시작해서, 1980년대에 다시 상승하고, 1990년대에 수직 상승한 기업 이윤을 밀어주기 위해서였다. 정치학과 교수인 로렌스 미드는 복지 '개혁'의 '근로연계복지_{workfare}'*의 기반이 되는 의제들에 대해 다음과 같이 그 누구보다도 노골적으로 주장한다.

> 마치 징병이 때때로 군대를 충원하기 위해 필수적이었던 것처럼, 저임금 노동은 명백히 의무화해야 한다. 적어도 전체 사회의 관점에서 본다면, 당국은 혜택을 제공하는 것보다 훨씬 효율적으로 순응을 달성할 것이다. 정부가 사람들이 가치 있다고 여기는 행동을 할 필요는 없다.[10]

위를 향한 자원 재분배를 정당화하는 더 큰 문화적 기획의 일부로서 복지 '개혁'은 그것의 문화적 유효성을 위해 인종, 젠더, 섹슈얼리티로 코드화된 위계를 따른다. 이 위계는 특히 여성과 아이들에게 영향을 미친다.

전반적인 복지 '개혁'의 추진이나 소위 복지 '재정 지원 혜택'의 제거는 사회안전망을 제공하는 기능을 공적 기구로부터 저임금 고용으로 유지되는 사적 가정으로 이동시키는 것이다. 노동자나 그들이 부

---

* '근로연계복지'는 사회적 복지 서비스를 받기 위해서 특정한 활동(교육 수강 등)과 노동을 하도록 요구하는 복지 체계를 말한다. 김대중, 노무현 정부에서 시행한 '생산적 복지'와 유사한 개념이다. 한국에서의 신자유주의 복지와 관련한 비판적인 논의로는 송제숙, 『복지의 배신』(추선영 옮김, 이후, 2016)을 참고하라.

양하는 가족의 요구와 불안정한 직장이 제공하는 불충분한 임금 및 복지(혹은 아예 제공되지도 않는 복지) 사이의 간극으로 인해, 가족이 감당해야 할 영역은 지나치게 늘어나고 자선사업에는 지나친 부담이 지워졌다. 이런 방식으로 적절한 국가 기능이 축소되고, 세금을 덜 걷고 임금이 삭감되며, 더 많은 사회적 비용이 시민사회와 가족에게 흡수되면서, 사회 서비스 기능들은 개인적 책임을 통해 사사화된다. 게다가 비용과 이익의 재분배는 인종, 젠더, 섹슈얼리티의 위계에 따라 완전히 달랐다.

1996년에 제정된 개인적 책임과 노동 기회 조정법Personal Responsibility and Work Opportunity Reconciliation Act으로 구체화된 신자유주의적 복지 개혁은 어떤 점에서는 새로울 것이 없다. 미국의 20세기 초 과부 연금widow's pension부터 1935년 사회보장법Social Security Act과 부양 아동 부조Aid to Dependent Children, ADC(이후에 부양 아동 가족 부조Aid to Families with Dependent Children, AFDC로 바뀌었다)에 이르는 복지정책은 인종적 배제와 인종차별적 가정을 반영한다. 또 이것들은 가난한 여성의 '도덕성'을 관리하고, 저임금 노동시장을 규제하고 억누르기 위해서 형성되어왔다. 빌 클린턴 대통령 아래 신민주당원들의 핵심 성과 중 하나인 부양 아동 가족 부조의 한시적 빈곤가족 지원제도Temporary Assistance for Needy Families, TANF로의 전환도 이 패턴을 깨지 못했다. "우리가 알고 있던 복지의 종말"을 위한 민주당원들의 노력은 일할 '기회'를 통한 '자존감' 향상과 '역량 강화'와 같은 중립적 목표를 함께 제시하면서, 이러한 정책이 인종 및 젠더에 따라 작동한다는 것을 감추었다. 하지만 정치평론가 애나 마리 스미스가 분명하게 보여주었듯, 법제화된 실제 정책들(신생아 지원을 제한하기 위한 '아동 수당 제한family caps',* 가정 폭력 이력이 있는 부모에게도 아동 지원 협력의 의무를 요구하기, 가족계획 및 입양 철회 우대책, 금욕적 성교육)은 그것이 기반하고 있는 가정을 드러낸다. 그것은 가난한 여성, 특히 흑인 여성의 성적 실천과 그들이 꾸리는 가정의 구조가 가난과 관련한 사회적 무질서와 범죄의 주요 원인이라는 것이다.[11]

이러한 입법은 점점 확대되는 복지 혜택을 받기 위해서 아이를 낳아 기르는 성적으로 문란하고 게으른 복지 여왕welfare queen**의 이미지를 배치함으로써, 특히 부양 아동 가족 부조와 같은 뉴딜정책의 복지 프로그램을 침식시키기 위한 수십 년 노력의 산물이었다. 이 문화적 기획에서의 구체적인 신자유주의적 전환은 노골적인 인종주의적·여성 혐오적인 언어와 이미지를 **사사화**와 **개인적 책임**의 언어 및 가치로 대체하는 것이었다. 클린턴 행정부에서 부시 2세 체제까지 복지 개혁은 복지 **의존**에서 빠져나와 저임금 노동시장으로 들어간 수급자에게 혜택을 주는 것으로 제시되어왔다. 새로운 정책은 결혼을 장려하고 젊은이에게 '혼외' 임신을 줄일 것을 요구해왔다.

---

* '아동 수당 제한'은 복지 지원을 받고 있는 가정이 새로운 아이를 낳게 되었을 때, 이에 따른 추가적인 복지 혜택을 주지 않거나 오히려 현금 지원 등을 줄이는 정책이다.

** '복지 여왕'은 정부로부터 복지 혜택을 받아 고급 승용차 캐딜락을 몰고 다닌다고 상상되는 여성을 비난하는 용어이다. 복지 여왕이라는 비난에 대한 푸코주의적 비판으로는 바바라 크룩생크, 『시민을 발명해야 한다』(심성보 옮김, 갈무리, 2014)의 "5장 복지의 여왕: 숫자를 통한 통치"를 참고하라.

복지 개혁의 옹호자들은 육아 비용(그리고 여성이 가정에서 무급이나 저임금으로 돌보는 환자와 노인에 대한 비용)을 국고에서 최저임금을 받는 여성 노동자로 전가하는 것을 조용히 자행했다. '온정적 보수주의자들'은 가장 부유한 미국인의 부동산과 기업에 대한 세금 감액 목표와 [복지에 대한] 비용 삭감을 연결시키지 않는다. 결혼 이전의 금욕에 대한 가치 부여는 전통적인 도덕주의자부터 성실한 공동체주의적 진보주의자까지 신자유주의적 정치 스펙트럼에 속하는 범위 전반에서 수용되지만, 사회적 비용을 사사화하는 억압적 도구로서 결혼의 중요한 역할은 명확히 설명되지 않는다.

신자유주의 담론에서 결혼한 여성은 아이에게 책임이 있고 임금을 벌어오는 남편에게 의존한다고 간주된다. 그리고 아이들이 어릴 적에 자존감과 독립심을 기르려면 엄마가 집에 있어야 한다는 충고를 자주 듣는다. 또한 기혼 여성은 시민사회와 '[기독교적] 믿음 기반의' 사회적 서비스 제공의 보루로서 자원봉사 활동을 권유받음으로써, **사사화된** 사회안전망의 기반이 되는 그들의 부불노동 제공을 요청받는다. 독신이거나 이혼했거나 남편을 잃은 여성은 **그들 자신의** 자존감과 독립심을 높이기 위해서, 적절한 가격의 탁아소에 의존하거나 공적 지원을 받는 게 아니라 젠더와 인종적으로 분리된 노동시장에서 일할 것을 '선택'해야 할 것이다. 또는 몇몇 복지 개혁론자들은 그 여성들이 자신의 아이를 결혼한 커플에게 입양을 보내거나 고아원에 보내는 것을 '선택'할 수 있다고 제안한다. 레즈비언과 게이, 바이섹슈얼 또는 트랜스젠더 부모는 동거동반자 관계에 대해 적대적인 법조항과 후견인 관련 판결, 입양법, 사회 서비스, 고용과 건강보험 관행, 교육적 (비)가시성을 다루기엔 충분치 못한 온갖 법적 지뢰밭의 한가운데에서 그들의 기회를 잡는 것을 선택할 수도 있다.

신자유주의적 정책광과 정치인은 남성 문제의 경우에는 '법질서' 프로그램, 예를 들어 '범죄와의 전쟁'과 '마약과의 전쟁', '불관용 정책'적 치안, '삶의 질'을 위한 공공질서에 대항하는 범죄자 단속, 그리고 젊은 빈곤 남성(특히 흑인)에 대한 대량 구금을 옹호해 왔다.

크리스천 패런티, 앤절라 데이비스를 비롯한 미국의 "교도소-산업 복합체"에 대한 비판자들은 전 세계에서 가장 높은 투옥률을 자랑하는 미국에서의 대규모 구금 증가가 두 가지 흐름을 통해서 진행되었다고 지적해왔다.* 첫째로 리처드 닉슨 대통령 통치하에서 광범위한 정치적 저항이 일어나고 사회적·인종적·경제적 질서가 불안정하다고 여겨지는 상황에 대한 대응으로서 시작됐다. 둘째로 로널드 레이건 통치하에서 신자유주의적 경제 재구조화를 통해 만들어진 가난과 혼란에 대한 대응으로서 계획되었다. 가난한 인구의 분노와 소외를 통합하고 완화하는 주요 양식으로 사회적 민주주의 정부 프로그램을 제공하는 대신, 신자유주의 정책 입안자들은 규제적이고 훈육적인 핵심 제도로서 치안 유지 활동과 구금으로 방향을 돌렸다. 1930~60년대

---

* 미국 교도소-산업 복합체의 역사와 양상에 관한 분석으로는 Angela Y. Davis, *Are Prisons Obsolete?*(New York: Seven Stories Press, 2003)를 참고하라.

동안 사회계급과 인종적 집단 사이에서의 오랫동안 지속된 투쟁들이 만들어냈던 협상된 사회민주주의적 사회안전망은 축적된 부와 권력의 일부를 아래와 외곽으로 재분배해왔다. 1960년대 동안 기업 이윤이 감소하기 시작하자, 사회적 통제를 위해 선호되는 방식과 정치적 수사는 더 가혹하고 비열해졌다.[12]

법질서 정책들은 심지어 실제로는 범죄율이 감소할 때에도 '평범한' 시민에 대한 범죄의 위협을 강조하는 인종과 젠더에 대한 '중립적' 수사를 통해 촉진되어왔다. 하지만 정치학의 코드화된 언어를 면밀히 살필 때 명백하게 드러나듯, 이러한 정책의 효과는 중립적인 것과는 거리가 멀다. 이에 대해 H. R. 홀드먼은 이렇게 말한다.

> [닉슨 대통령은] 전체 문제가 실제로는 흑인의 문제라는 사실에 직면해야 한다고 강조한다. 핵심은 이것[인종화된 문제 제기]을 드러내놓지 않으면서 인정하는 체계를 고안하는 것이다.[13]

2000년까지 미국 수감자 중 무려 절반이 흑인이었고(아프리카계 미국인은 미국 인구의 13%를 차지한다), 젊은 흑인 남성 중 거의 1/4이 수감되거나 가석방 및 보호감찰을 통해 형사사법제도에 종속되어 있었다. 열두 개 주에서는 중죄 판결을 받은 이들에게 영구적으로 투표가 금지된다. 국경 경찰, 연방, 주, 지역 법 집행 기관뿐만 아니라 이민 및 귀화국 Immigration and Naturalization Service도 이주민 전체 혹은 이주민이나 '외국인'으로 인지되는 시민에 대한 감시와 괴롭힘을 확대했다. 이것은 캘

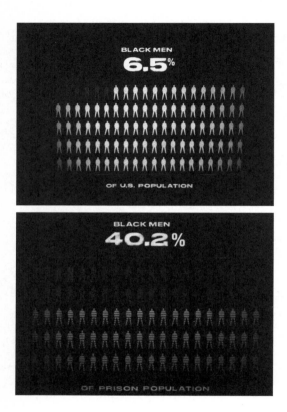

신자유주의적 정책광과 정치인은 남성(특히 흑인)에 대한 대량 구금을 옹호해왔다. 사진은 에바 두버네이 감독의 다큐멘터리 〈13번째〉(2016)에 담긴 장면으로, 미국 인구 중에 흑인 남성이 6.5%이지만 수감된 인구 중에 흑인 남성의 비율은 40%가 넘음을 지적하고 있다.

리포니아에서 주민발의안 187호_Proposition 187_*의 통과로 성문화된 반이민 감정을 따르는 것이었다. 이와 같은 괴롭힘은 2001년 9·11 이후 강화되었다. 이러한 폭력적 치안과 투옥 관행에 의해 영향을 받는 사람들 대다수는 덜 고분고분하다고 여겨지는 유색인종 남성이었다. 이들은 여성보다 아이들에 대한 책임에 덜 시달리고 더 폭력적이라서 '사적'인 저임금 노동력으로서 덜 생산적이라고 여겨지기 때문이다.

부패 스캔들의 확산, 저하하는 기업 이윤, 감소하는 외국인 직접 투자가 보여주는 오늘날 미국에서의 신자유주의의 위기 속에서, 주류 경제·정치 엘리트 간의 갈등은 쉽게 발견할 수 있다. 한편에는 한때 인기 없는 소수에 그쳤지만 1990년대에 일종의 세속적 성직자로 성장한 하이에크와 밀턴 프리드먼을 승계하는 '자유시장'의 진정한 신봉자들이 있다. 시장가치가 국가, 가족, 시민사회를 가장 잘 형성할 수 있다고 보는 카토연구소_The Cato Institute_의 자유방임주의** 시장사회의 비전이 이 다양한 유토피아주의를 가장 순수한 형태로서 대표한다. 1990년대 중반까지 광란의 대중주의적 도덕주의의 늪에 빠져서 허우적거

---

* '주민발의안 187호'는 1994년 캘리포니아 주민이 주민투표로 통과시킨 법안으로, 미등록 이주민들이 의료보험, 공공교육 및 다른 사회보장 제도들을 이용하는 것을 막는 것을 골자로 한다. 이 법은 1999년에 연방법원에 의해 위헌 판결을 받고 효력이 중지되었다.

** 'libertarian'은 '자유주의자(liberal)'와 구분하여 문맥에 따라 '자유지상주의' 또는 '자유방임주의'로 옮겼다. 자유지상주의는 자유방임주의를 기본 철학으로 하는 자유주의 분파를 말한다.

렸던 합리주의적 신민주당원 정책광과 선동적 공화당원은 모두 이 시장 유토피아주의의 광명으로 이끌렸다. 1994년 뉴트 깅그리치의 지도하에 공화당이 하원의원직을 휩쓴 후, 뒤이어 늪지의 괴물이자 하원의회 내 다수파의 지도자인 하원의원 딕 아미는 카토연구소에 있는 새로운 하이에크 대강의실 헌납식에서 다음과 같이 말했다.

『노예의 길*The Road to Serfdom*』* 이후 50년이 지났습니다. 하이에크의 이 위대한 책의 맺음말에서 드러난 생각들은 (강력한 영향력을 발휘했던 《리더스 다이제스트》 축약본**에서 표현되었듯이) 여전히 진실로 울려 퍼집니다. "자유로운 사람들의 세상을 창출하는 핵심적 원리는 이것이다. 개인의 자유를 위한 정책이 유일한 진보적 정책이다."
제 말은 1년 전까지만 해도 어떤 의회 지도자가 카토연구소에 있는 미친 자유방임주의자들에게 조언을 구했겠냐는 겁니다. 누가 상상할 수나 있었겠습니까? 바로 당신들[카토연구소 연구자]이 항상 추천해왔던 것처럼, 우리가 전반적인 [복지] 프로그램들을 폐지할 것을 논의하고, 다른 프로그램들은 각 주에서 담당하도록 돌려보내고, 잘못 만들어진 법들을

---

* 『노예의 길』은 하이에크의 1944년 저작으로 생산의 국가 통제에 대한 강력한 반대를 주장했다. 국내에서는 1999년(김영청 옮김, 자유기업센터)과 2015년 (김이석 옮김, 나남출판)에 번역됐다.
** 《리더스 다이제스트》라는 미국의 잡지는 1945년 4월호에 하이에크의 책을 20쪽으로 요약해 수백만의 독자에게 전달했다. 이후 《리더스 다이제스트》는 95쪽 분량의 요약 단행본을 다시 만들었다.

폐지하고, 내각 해체를 논의할 것이라고 말이죠.[14]

누가 정말로 하이에크와 그의 《리더스 다이제스트》 축약본이 교감을 얻을 것이라고 생각했겠는가? 또는 아미의 도덕적 규제책의 잔인함이 미국 마약법에 대한 자유방임주의적 반대자들에게 잘 받아들여질 것이라고는? 또는 "우리가 알고 있던 복지의 종말"이 곧 '진보적' 민주당 정권의 탁월한 성취가 될 것이라고는? 이것들은 1990년대의 이상한 융합이었다.

하지만 현재 신자유주의의 위기는 1990년대 동안 시장의 광란 속에 묻혀 있던 다른 갈등들에 정치적인 조명을 비춘다. 미국 정부 내 강경한 신자유주의적 공화당원들은 가정에 대한 훈육적 감시의 증가뿐만 아니라, 서구 기업과 정치적 헤게모니의 안정성을 보장하기 위한 양식으로서 폭력과 해외에서의 전쟁을 옹호하기 시작했다. 다른 한편에서 온건한 신자유주의자들은 '민주주의'와 국제 협동적 다원주의라는 이름으로 강력하게 자신의 믿음을 방어하고자 했다. 신新케인스주의자, 진보주의자, 포퓰리스트, 사회민주주의자들은 미국의 외국과의 관계, 무역 관계에서의 외교와 국제기구의 개혁을 지지한다. 그들은 또한 시장의 산물을 불충분하게 규제했던 정의롭지 못하고 폭력적인 무정부 상태뿐만 아니라 시장의 악용도 통제하는 복지국가 권력의 갱신된 형태를 지지한다. 심지어 《이코노미스트》의 편집자에서 월가 거주민에 이르는 신자유주의의 진정한 신봉자들조차도 무시무시한 세계적 폭락으로부터 자본주의를 구출하기 위해 더 많은 국가 행동을 지원하는 쪽으로 방향을 틀었다. 신자유주의적 신념 공동체 내에서 정치적 질문은 다음과 같다. 국가 행동은 국제 전쟁, 기업복지, 또는 갱신되고 제한된 사회민주주의 가운데 어떤 형태를 띨 것인가?[15]

　최근에 더욱 가시화된 엘리트 사이의 갈등은 문화정치에 대한 중첩된 충돌을 동반한다. 한편에는 20세기 후반의 '문화전쟁' 동안(여기서 비시장적 정치의 장소들에 대한 대중적 지지뿐만 아니라 그들의 자금 조달기반 또한 축소시키려는 의도로 '다문화주의'와 '자유분방함의 허용'에 대한 열정적 공격들이 벌어졌다), 문화적 전통주의가 사용하는 잔여적 전략residual strategy*이 예술, 교육, 사회적 서비스의 차원에서 작동했다. 다른 한편에는 최근 등장한 '평등'정치가 있다. 평등정치는 '다양성'과 '관용'을 지지하지만, 이를 가장 협소한 용어로서 전적으로 세계적 신자유주의의 틀 내에서만 정의한다.

---

　*　문화연구자 레이먼드 윌리엄스는 "잔여적"인 것은 과거에 형성되었지만 현재의 문화 과정에서 영향력을 가지는 것이라고 설명한다. 여기서 사용된 '잔여적'이라는 개념 역시 자유주의적인 정치적 실천과 기술이 어떤 한 국면이 지나고 나서 완전히 사라지는 것이 아니라, 새롭게 등장하는 정치적 실천과 공존하며 서로 영향을 미치고 경합한다는 점을 드러내기 위한 것이다. 더 자세한 논의로는 윌리엄스 『마르크스주의와 문학』(박만준 옮김, 지식을 만드는 지식, 2013) 중 "8장 지배적인 것, 잔여적인 것, 부상하는 것"을 참고하라.

| 2장 |

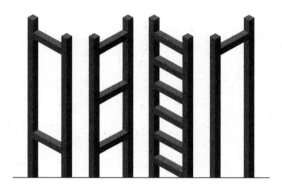

문화전쟁을 통한 공적 영역의 축소

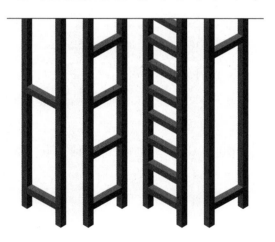

1997년 11월 뉴욕주립대학SUNY 뉴팔츠New Paltz 캠퍼스의 여성학 프로그램은 비교적 평범한 콘퍼런스였던 '반란 행동: 여성의 성적 자유라는 도전Revolting Behavior: The Challenges of Women's Sexual Freedom'를 후원했다. 여성의 섹슈얼리티, 다양성, 저항이라는 쟁점을 강조하는 이러한 종류의 콘퍼런스들은 한때 뜨거운 논란거리였다. 예를 들어 1982년 바너드 대학Barnard College의 '학자와 페미니스트The Scholars and the Feminist' 시리즈의 아홉 번째 콘퍼런스는 의도치 않게 그러한 논란, 즉 사도마조히즘, 부치/펨butch/femme* 레즈비언 문화, 국가의 포르노와 성매매 규제에 대해 서로 완전히 다른 관점을 가진 페미니스트 간에 벌어졌던 널리 알려진 악

---

*　'부치'와 '펨'은 레즈비언 하위문화에서 각각 '남성적'이거나 '여성적'인 특징, 행동, 스타일, 자각 등을 동일시하는 개별적 성정체성을 일컫는다. 20세기 초 서구 레즈비언 공동체에서 만들어진 말이다.

명 높은 충돌에 초점을 맞췄다.[1] 이 큰 논란의 파도는 다음 10년 동안 잔잔한 물결 수준으로 진정됐다. 1997년에 이르러서는 그러한 쟁점을 다루는 콘퍼런스는 더 이상 뜨거운 쟁점의 장소가 아니라, 성정치와 성적 실천을 둘러싼 지속적인 페미니스트적 탐색과 갈등에 대한 더욱 일상화된 공표이자 반복이 되었다.

대략 1970년대 말부터 1990년대 초까지의 기간 동안 격해진 '성전쟁 sex wars'* 논쟁에는 활동가이자 학자인 페미니스트들이 주로 개입했고, 여성주의적이고 대안적인 언론의 관심을 받았다. 더 주류적인 인물들과 미디어는 오직 짧은 기간 동안에, 특히 주로 페미니스트들이 발안한 반포르노그래피 조례 제정에 대한 법적 논쟁이 있었던 1980년대 중반 동안에 끼어들었다(물론 성매매에 대한 열띤 논쟁은 주기

---

* '성 전쟁'은 1970~80년대 미국의 페미니스트 간에 벌어진 논쟁이다. 포르노그래피, 성매매, 사도마조히즘 등의 쟁점을 둘러싸고 소위 반포르노 페미니스트들(캐서린 맥키넌 등)과 섹스를 긍정/옹호하는 페미니스트들(리사 두건, 게일 루빈 등) 사이에서 논쟁이 벌어졌다. 이 성 전쟁은 얼핏 보면 성적 자유주의에 대한 찬반 논쟁으로 보이지만, 사실은 이성애 젠더 위계 중심의 페미니즘에 대한 재정의, 페미니즘과 국가와의 관계 설정, 성적 보수주의자들과 연합하는 문제 등 페미니스트 정치와 실천에 관한 포괄적인 논쟁을 다룬다. 관련한 논의와 각 페미니스트 입장을 파악을 위해서는, Catharine MacKinnon, *Toward a Feminist Theory of the State*(Harvard University Press, 1989)와 Gayle Rubin, "Thinking Sex: Notes for a Radical Theory of the Politics of Sexuality," in Carole Vance, ed., *Pleasure and Danger*(Routledge & Kegan, Paul, 1984) 등을 참고하라. 루빈의 논문은 그의 선집 『일탈』(신혜수 외 옮김, 현실문화, 2015)에 "성을 사유하기: 급진적 섹슈얼리티 정치 이론을 위한 노트"라는 제목으로 번역되어 실려 있다.

적으로 벌어졌다).[2] 성적 논란과 성애화된 히스테리를 변형시키고 재배치하는 에너지에 대한 주류의 관심은 1980년대 중후반과 1990년대에 진입하면서 에이즈와 예술 검열 논쟁, 아동 섹슈얼리티와 성폭력 쟁점으로 옮겨갔다. 페미니스트 성 전쟁 대신에 게이 남성, '악마적인' 아동 돌봄 서비스 제공자, 성폭력 가해자, 성애 예술이 공포와 공공성의 핵심 지점이 되었다.[3]

하지만 1997년의 섹슈얼리티에 관한 여성학 콘퍼런스는 마치 이전의 10여 년 동안 개최되었던 다른 콘퍼런스처럼, 뉴욕 주에서 정치적 분노에 불을 붙였다. 엘리트적인 뉴욕시립대학New York City College이 아니라 어떤 미디어 자본의 [관심] 범위에서도 벗어나 있는 목가적인 뉴욕주립대학 북부 캠퍼스에서 열렸음에도 불구하고, 콘퍼런스를 둘러싼 미디어의 대공세와 논쟁은 지역에서 전국 언론으로, 《뉴욕타임스》 부터 《고등교육신문The Chronicle of Higher Education》, 전국 공영 라디오National Public Radio와 텔레비전 보도까지 확장되어 그 격분을 무럭무럭 키워나갔다. 1998년 봄에는 CBS의 시사 뉴스쇼 〈60분〉에서 마이클 월리스가 콘퍼런스에서 배포된 레즈비언의 더 안전한 섹스에 대한 팸플릿을 뉴욕주립대학 뉴팔츠 캠퍼스의 총장 로저 보엔에게 읽어주는 모습을 전국의 시청자에게 방영하는 예상하지 못한 일도 벌어졌다.[4]

이러한 관심은 완전히 예상 밖이었다. 뉴팔츠의 여성학 프로그램은 학내에서 '정치적 올바름'과 '다문화주의'를 비판하는 이들의 반대에 익숙해 있었다. 이러한 반대는 1990년대 이래로 전국적으로뿐만 아니라 뉴욕에서도 활발했다. 그들은 지역의 성가신 비난꾼인 피터 시플리와 그의 우익 '집단'인 정치의 진실Truth in Politics의 지나치고 근거 없는 공격은 예상했다. 시플리는 여성학 프로그램 행사를 꾸준히 졸 졸 따라다녔고, 그만큼 꾸준히 무시당해왔다. 그러한 비판과 공격은 1997년까지 일상적이었고 때때로 피해를 입기도 했다.[5] 하지만 '반란 행동' 콘퍼런스가 계획되었을 때, 어디에서도 그러한 거대한 규모의 성 공황sex panic의 조짐은 보이지 않았다.

시작은 이러했다. 뉴욕주립대학의 이사인 캔디스 드 루시와 그녀 의 남편 코테스는 뉴팔츠 캠퍼스 평의회 구성원인 조지 모턴과 시플 리를 포함한 "걱정하는 뉴팔츠 시민의 명령으로" 콘퍼런스에 참석했 다. 우파 논평가이자 《뉴 크라이티리언The New Criterion》*의 편집장인 로 저 킴볼도 캔디스 드 루시의 무리에 합류했다. 다음 날 드 루시는 그 녀의 동료 이사들과 뉴욕주립대학 전체 캠퍼스의 총장인 존 라이언에 게 자신이 목격한 "혼란스럽고 불온한" 워크숍과 발표에 대한 상세한 관찰을 담은 메모를 급하게 써서 전달했다. 이 하루 동안의 콘퍼런스 는 총회, 공연 행사, 연회, 그리고 스무 개 이상의 워크숍(예를 들어 인 체면역결핍바이러스HIV 교육, 공동체 조직 행사, 재생산 권리와 여성의 자유, 결혼과 섹슈얼리티, 아프리카에서의 전통적 양상과 변화하는 양상, 흑인 여 성의 섹슈얼리티와 문학, 여성의 성 경험에서 종교 효과, 십자가를 해제하라 A Soltar La Cruz: 우리 몸과 섹슈얼리티를 탈환하기, 1990년대의 성적 선택들: 젊은 여성이 말한다 등등)으로 이뤄져 있었다. 하지만 드 루시는 강의 또는

---

    *   뉴욕 기반의 월간 인문예술문화 잡지이다.

발표 형식의 워크숍을 피하고, 체험 워크숍을 유난히 선호했다. 그런 건 몇 개 되지도 않았다. 드 루시는 안전하고 정상적인 상호 동의하는 사도마조히즘s/м, 여성을 위한 섹스토이, 퀴어 섹슈얼리티, 여성 선택의 스펙트럼, 그리고 셸리 마스가 공연한 〈채찍질: 톰보이* 이야기〉를 선택했다.

보수적 공화당원이자 독실한 가톨릭 신자로서 드 루시는 격분했다. 그녀는 이사들과 총장 라이언에게 메모를 썼을 뿐 아니라, 공화당과 가톨릭계에 있는 그녀의 많은 동료들에게 연락했고, 그들이 행동에 돌입하도록 채찍질했다. 그 동료 중 잘 알려져 있는 이로는 그녀를 뉴욕주립대학 이사회 이사로 지명한 뉴욕 주지사 조지 퍼타키, 보수적 공화당 주의원 존 게린과 토머스 커윈이 있었다. 한편 콘퍼런스 다음 수요일인 11월 5일에 킴볼은 자신이 그곳에서 겪은 경험을 흥분하여 묘사하는 장황한 칼럼을 《월스트리트 저널》에 기고했다. "정신이상자를 위한 강의 요강"이라는 제목이 붙은 킴볼의 칼럼은 드 루시가 메모에서 다룬 것과 같은 워크숍과 공연을 설명하고, 다음과 같이 의견을 제시했다.

---

* '톰보이(tomboy)'는 보통 남성성을 드러내고 실천하는 사춘기 이전의 소녀를 가리키는 말이다. 핼버스탬이 말하듯, 톰보이는 남자아이가 누리는 더 큰 자유에 대한 욕망으로 용인된다. 하지만 사춘기를 거치며 '여성'이 되길 요구하는 제도·관습·담론에 순응하지 않을 때, 톰보이들은 사회적 폭력에 시달리게 된다. 톰보이는 남성성 실천에 있어서 생물학적 남성의 몸이 요구되지 않음을 보여주는 사례로 이해할 수 있다. 더 자세한 논의는 주디스 핼버스탬, 『여성의 남성성』(유강은 옮김, 이매진, 2015)을 참고하라.

'반란 행동'과 같은 사건이 제기한 많은 쟁점들 가운데 두 가지가 수면 위로 등장했다. 하나는 인간 삶에서 적절한 섹슈얼리티의 장소를 심오한 도덕적 쟁점으로서 고민하는 것이다. '여성을 위한 섹스토이'에 대한 찬사와 그 밖의 비슷한 현상들 뒤에 있는 것은 자연으로부터 완전히 해방된 섹슈얼리티에 대한 환상이다. 그것은 1960년대의 급진적 윤리에 의해 영향을 받은 근본적으로 나르시시즘적인 관점으로서, 섹스를 단지 정치 해방과 개인적 아름다움을 위한 도구로만 본다. 그 콘퍼런스에서 발표자들은 성정체성이 본질적으로 '사회적 구성물'이며, 무한히 가변적이고 도덕적으로 중립적이라고 되풀이하여 주장했다. '수치심'은 어느 곳에서나 해방의 적으로 표현되었다.

하지만 삶의 다른 경우에서처럼, 오직 성적 쾌락만을 목표로 삼으면 근본적으로 인간성을 상실하게 된다. 수치심 없는 인간은 해방된 것이 아니라 단지 파렴치할 뿐이다. 지난 주말 뉴팔츠에서는 '성적 자율성'에 대한 많은 이야기가 있었다. 하지만 그 콘퍼런스는 인간의 섹슈얼리티가 정말로 '자율적'이게 될 때, 그것은 섹스토이와 사도마조히즘의 오싹한 영역으로 전락한다는 것을 명백하게 보여줬다.

이러한 방식으로 킴볼은 1960년대의 성적 '방종', 그리고 고정된 성정체성의 자연스러움 및 역사적 영구성을 비판하는 1970년대 이후 이론을 공격하며 흔해 빠진 '문화전쟁'을 반복했다. 혹은 킴볼이 다음과 같이 익숙하게 반대하듯이, "'반란 행동'은 사실상 변태성과 성적 방탕함의 기념행사였다." 그것은 그의 독자들이 이해했던 바처럼 매

보수주의자의 '문화전쟁'은 소수자를 침묵시키고 괴롭히는 것
뿐만 아니라 친기업적 환경의 조성과 공공기구의 축소로 이어
졌다. 그림은 '복지 여왕'에 대한 카툰으로, 빈곤층 여성이 복
지 예산을 갉아먹는다는 식의 논리를 전형적으로 보여준다.

우 나쁜 것이었다.

드 루시와 킴볼은 정치가, 납세자, 부모가 격분해 주의 예산을 공립대학에 낭비하는 것을 막는 데 나서도록, 그러한 성적 이미지들을 과대 선전했다. 하지만 그들이 점화한 분노는 곧바로 특정한 목표를 향했다. 드 루시와 킴볼은 주의회 의원인 게린과 커윈, 대학 평의회 의원 모턴은 물론 망상에 사로잡힌 괴짜이자 이전에는 영향력이 없던 시플리와도 함께, 뉴욕주립대학 뉴팔츠 캠퍼스의 총장 로저 보엔을 퇴출시키자는 캠페인을 조직했다. 그들은 보엔을 해고하기 위해 인쇄물을 간행하고, 전화 캠페인을 벌이고, 정치적 인맥을 동원했으며, 미디어 보도의 프레임을 바꿨다. 11월 1일에 열린 콘퍼런스의 구체적인 내용은, 뉴욕주립대학 뉴팔츠 미술 및 공연예술 대학이 후원했고 11월 7~8일에 열린 '욕망의 종속: 몸을 재형상화하기 Subject to Desire: Refiguring the Body' 콘퍼런스에 대한 선동적인 묘사와 함께, 보엔이 무책임하며 총장이라는 지위에 부적합하다는 점을 보여주는 증거로 제출되었다.[6]

보엔이 결코 이 두 콘퍼런스를 조직하는 데 관여하지 않았다는 것, 또 총장 사무실이 출연한 기금은 오직 '반란 행동' 예산의 작은 일부만을 차지했다는 사실(대략 6000달러 예산 중 400달러 정도), 혹은 그가 공공연히 콘퍼런스의 몇몇 행사가 "불쾌감"을 주거나 "적절하지 않다고" 여겼다는 것을 이들은 신경 쓰지 않았다.[7] 보수적 문화 전사들인 전국 학자 협회 National Association of Scholars의 총회장인 브래드퍼드 윌슨의 표현에 따르면, 확산되는 미디어의 광분과 정치적 소란의 핵심은 "섹스를 거래하는 기업가와 선동가를 데려옴으로써 학자로서의 모든 겉치

레를 벗어버리고 레즈비언 사도마조히즘의 헐떡임과 섹스토이 사용법에 대한 훈련을 제공"하는 콘퍼런스를 조직한 여성학 프로그램을 허가했던 보엔의 책임을 묻는 것이었다.[8]

보엔에 대한 몇몇 공격은 이상하리만치 개인적이었다. 징세 반대를 주장하는 기업 로비 조직인 '변화, 뉴욕Change, New York' 대표인 톰 캐럴은 《뉴욕타임스》에서 "보엔은 자기 돈으로만 한다면 그가 원하는 누구와도, 얼마나 비정상적인지에 상관없이, 뭐든 원하는 걸 할 수 있다"라고 말했다. 이러한 혼동은 보엔이 레즈비언 사도마조히스트 같다고 보는 것일까? 하지만 대부분[의 공격]은 그의 총관리자로서의 책임 수행, '그의' 교수진의 행동, 학내 교육과정 내용, 그리고 (심지어 매우 적은 액수일지라도) 공공기금 사용 통제의 실패에 대한 것이었다.

콘퍼런스를 향한 조직된 소란과 보엔에 대한 사임 요청 속에서, 주지사 퍼타키는 그 콘퍼런스를 "터무니없이 모욕적"이라고 평했다. 그는 뉴욕주립대학 체제의 총장인 라이언에게 이 콘퍼런스와 비슷한 행사들이 뉴욕의 공립대학에서 다시 등장하는 것을 막는 방안과, 콘퍼런스의 타당성과 적법성을 설명하는 보고서를 요구했다. 라이언은 조사를 착수하고 권고 사항을 만들기 위해서 네 명의 전현직 뉴욕주립대학 고위 관리직과 교수진 대표를 조사위원회로 지명했다. 하지만 그 위원회 보고서의 초안이 《뉴욕타임스》에 유출되었을 때, 보엔을 반대하는 캠페인은 첫 번째 큰 장애물을 만났다. 그 보고서는 보엔에게 책임이 없다고 보았고, 콘퍼런스 공격자들을 간접적으로 비난했으며, 학문의 자유를 기반으로 콘퍼런스에 대한 후원을 방어했기 때문이다. 보고서는 다음과 같이 주장했다.

공적 세금 지원의 존재가 학문의 자유에 제한을 가하도록 허용하는 것은 거의 모든 고등교육기관이 고민하고 논쟁하기 위해 다양한 관점을 초대할 자유, 결론에 이르는 다양한 생각을 따를 자유를 위험에 빠뜨리는 것이다.[9]

학문의 자유에 근거하여 보엔과 뉴욕주립대학 뉴팔츠 캠퍼스를 방어하는 것은 주류 언론에 있는 조직과 지지자 사이에서 가장 대중적인 전략적 행동이었고, 보엔 그 자신이 선호한 주장이었다. 보엔을 포함해 학문의 자유에 호소하는 콘퍼런스 방어자들은 그 내용을 무시하거나 비판하기도 했다. 즉 콘퍼런스가 '무례하고 모욕적인' 관점을 보였더라도, 그에 대한 관용은 민주주의에서 열린 토론의 장으로서 대학의 역할을 유지하기 위해 치를 수 있는 대가라고 주장하면서 말이다. 뉴욕주립대학 뉴팔츠 교수평의회와 뉴욕주립대학 체계 전체의 교수단 및 전문가를 대표하는 노동조합인 대학교수 연합은 보엔과 학문의 자유 원칙을 지지하는 투표를 했다. 또한 미국 시민 자유 조합American Civil Liberty Union의 뉴욕 지부와 검열에 반대하는 전국연합National Coalition Against Censorship을 포함한 반검열 및 언론의 자유 조직들로부터 많은 지지를 받았다. 미국 대학교수 연합The American Association of University Professors은 보엔 총장에게 학문의 자유에 대한 상을 수여했다. 그리고 "표현의 자유를 지지"하는 익명의 커플은 콘퍼런스 분쟁 이후 보엔에 대한 도덕적 지지의 형식으로 뉴욕주립대학 뉴팔츠의 새뮤얼 도스키 미술관의 완성을 위해 35만 달러를 기부했다.[10]

학문의 자유를 근거로 '반란 행동'을 방어하는 것은 어떤 면에서 뉴욕주립대학 뉴팔츠의 여성학 프로그램의 보호와 생존에 중요했지만, 또 다른 측면에서 이러한 방어는 상황을 호전시키지 못하는 작은 위안이었을 뿐이다. 보엔이 대학에서 자유로운 연구의 수호자로 지지를 받았던 반면, 그 콘퍼런스 주최자들은 무책임하고 조악한 판단을 내린 저열한 수준의 집단이라는, 또는 음란하고 학생들 사이의 '변태적 행위'를 후원한다는 혐의를 여전히 덮어쓰고 있었다.

콘퍼런스 자체에 대한, 즉 그 목표와 내용에 대한 방어자도 학문의 자유 옹호자보다는 훨씬 적었지만 얼마간 있었다. 뉴팔츠 여성학 프로그램은 그 논란의 뿌리와 효과를 이해하고 논의하기 위해 보도자료를 배포하고 후속 행사들을 조직하면서 용감하게 자신을 방어했다. 콘퍼런스 조직자이자 여성학과 교수인 에이미 케셀먼은 공격자들의 콘퍼런스에 대한 묘사에서 왜곡을 지적하고, "성적 대상으로서의 여성은 보편적이지만, 성적 주체 또는 행위자로서 여성은 논쟁적이거나 위협적이기 때문에" 콘퍼런스가 논쟁이 되었다고 주장했다. 뉴욕주립대학 뉴팔츠의 사회학과 교수인 허먼 슈웬딩어와 범죄학과 교수인 줄리아 슈웬딩어는 "여성 콘퍼런스 공격에 대한 공개서한"에서, 그 공격은 여성주의 운동에 대한 반동의 일부였다고 주장했다. 그리고 성적 자유를 위한 전국연합National Coalition for Sexual Freedom은 이 여성학 프로그램이 "섹슈얼리티에 대한 여성주의 정치의 발전에 적극적으로 참여하고 대안적 실천들을 탈신비화"한 것을 환영했다. 게다가 뉴욕주립대학의 체계 내에서뿐만 아니라, 뉴욕시립대학CUNY의 몇몇 학생과 교수진이나 다른 지지자의 조직과 출판물은 학문의 자유 원리뿐만 아니라 그 내용의 중요성 때문에 콘퍼런스에 대해 논의하고 지지를 선언했다.[11]

이 중 어떤 방어도 1998년 봄까지 이어진 공격을 멈추진 못했다. 1998년 1월 12일 라디오 성명에서 드 루시 이사는 뉴팔츠 콘퍼런스를 "신나치 스킨헤드"의 행진이나 "여성 할례와 동물 도살 의례"와 비교하며, 다음과 같이 결론 내렸다.

보엔 총장과 콘퍼런스의 방어자들은 학문적 자유에서 존엄성을 제거했다. 그들은 [학문적] 판단, 기준, 과학적 조사, 비판적 생각을 중단했다. 그들은 또한 상식과 품위를 버렸다.

이어서 드 루시의 이러한 종류의 공격에 더 전국적으로 알려진 라디오 명사인 러시 림보와 로라 박사*가 가담했다. 그러는 동안 뉴욕주립대학 체계의 총장인 라이언은 1998년 1월 뉴욕주립대학 이사회 회의에서 그가 지명한 조사위원회의 보고서를 무시했다. 그는 심지어

---

* 이 둘은 각각 〈러시 림보 쇼(The Rush Limbaugh Show)〉와 〈로라 박사 프로그램(The Dr. Laura Program)〉이라는 보수적 라디오 토크쇼의 진행자이다.

보고서를 언급조차 하지 않으면서, 보엔의 "판단 오류"가 "뉴팔츠 캠퍼스와 뉴욕주립대학 체계에 피해와 곤란을 일으켰다"고 비판했다. 라이언은 그의 입장을 다음과 같이 요약했다.

다양한 관점에서 섹슈얼리티의 복잡성은 명백하게 대학 연구와 담론의 적절한 주제이지만, 이 뉴팔츠 콘퍼런스는 레즈비어니즘lesbianism*과 사도마조히즘을 '어떻게 해야 하는지'를 알려주는 안내서를 보급했다. 이것은 대학에 전혀 적합하지 않다.

라이언의 촌평에 이어, 뉴욕주립대학 이사회는 보엔을 면책한 "1997년 11월 1일 뉴욕주립대학 뉴팔츠에서의 여성학 콘퍼런스 조사 보고서"에 대한 표결에서 "승인도 거절도 하지 않는" 것으로 결론을 내렸다.[12]

2월에는 그 콘퍼런스를 공격한 개인과 조직이 정보자유법의 이름

---

* '레즈비어니즘'은 여성 동성애자들의 성적 지향을 정형화하고 범주화하는 용어일 뿐만 아니라, 정치적 레즈비어니즘 및 레즈비언 분리주의 등 여러 정체성정치학과 페미니즘의 주요 갈래를 형성한 경향이다. 1980년대 많은 레즈비언-페미니스트들이 레즈비어니즘과 페미니즘의 만남을 가정하거나, 레즈비언 실천 행위가 페미니즘 이론을 증명한다고 생각했다. 모니크 위티그는 레즈비언이 되는 행위가 이성애가 부여한 여성과 남성의 강제적 의미에 대한 저항이라고 보았다. 에이드리언 리치는 이성애 제도를 남성 지배의 발판으로 인식하고, 레즈비언을 '성적 기호'의 차원이 아닌 여성들이 활용할 수 있는 앎과 권력의 원천으로 이해할 것을 요청했다. 이러한 주장에 대한 비판으로는 주디스 버틀러의 『젠더 트러블』(조현준 옮김, 문학동네, 2008, pp. 319~326)을 참고하라.

으로 뉴욕주립대학 뉴팔츠에 공공문서 공개 요청을 하기 시작했다. 드 루시를 가장 중요한 회원으로 공공연히 내세우는 '변화, 뉴욕'은 여성학 프로그램과 미술 및 공연예술 대학 교수들의 수업계획서 및 자격인증서와 함께 학과와 단과대학의 예산, 계약서, 고용 및 승진 관련 문서들을 요구했다. 이러한 증거 조사는 뉴팔츠 캠퍼스 내에 상당한 불안을 자극했다. 뉴욕주립대학 교수평의회의 의장 빈스 아세토가 논평했듯, "그들은 단지 캠퍼스를 엉망진창으로 괴롭히고 있다."[13]

하지만 이러한 괴롭힘의 궁극적 의제는 무엇이었을까? 대부분의 주류 언론 보도는 이러한 사건 전개를 대학 캠퍼스에서 벌어졌던 10년간의 '문화전쟁'의 또 다른 전투로서 규정했다. 이것은 명백히 3월에 방영된 〈60분〉의 프레임이었다. 이 프로그램은 뉴욕주립대학 뉴팔츠 콘퍼런스를 "학계 규준의 희화화"라고 표현한 캔디스 드 루시의 발언으로 한 꼭지를 시작했다. 꼭지 전반은 그 콘퍼런스 논란을 대학에서 레즈비언/게이 연구, 퀴어 이론, 섹슈얼리티 교육의 위치가 어디이고 가치가 무엇인지에 대한 논쟁의 맥락 속에 놓았다. 진행자인 월리스와 제작자들에 따르면 핵심 쟁점은 섹스였다. 무엇이 정상인가? 그리고 대학 교육과 교내에서 후원받을 수 있는 행사로서 무엇이 적절한가? 요컨대 월리스가 카메라 앞에서 「레즈비언을 위한 더 안전한 섹스 안내서」의 구절을 읽었을 때 보엔이 보인 반응은 적절한가.

논란에 대한 이러한 프레임 짜기는 그 핵심 논리 중 하나를 포착했다. 말하자면 비규범적 섹슈얼리티에 대한 히스테리와 공포는 진보적 교과과정들에 대한 반대, 그리고 1990년대 대학가 문화전쟁의 주요한 표적이 된 과목과 행사를 계획하고 역할과 책임을 나눠가진 학생과 교수들에 대한 반대를 채찍질했다. 〈60분〉은 '학문적 책임'의 이름으로 학내의 지적인 삶에 대해 통제를 강화하는 데 대한 지지와, 이에 대항해 '학문적 자유'의 이름으로 혁신과 탐구를 추구하고 교수와 학생의 이해와 요구에 예민하게 응답하는 것에 대한 지지를 대립시켰다. 이러한 '문화전쟁'에서 소수, 반골, 심각하게 낙인찍힌 섹슈얼리티의 역할은 우파를 대신해서 대중을 자극하고, 좌파의 응답을 억제하거나 불가능하게 하는 것이었다. 1997년에는 주류 영역에서 누구도 레즈비언 사도마조히즘을 직접 방어할 수 있거나, 방어하고자 하거나, 방어하도록 용인되지 않았다. 그 때문에 문화 다양성의 진보적 지지자들은 침착하게 외관상으로는 열의 없이 학문적 자유의 가치나 표현의 자유의 옹호에만 천착했다. 아연실색하고 겁먹고 매혹된 대중 앞에서 걱정 많은 학문적 '책임'의 지지자들이 낯설고 심각하게 비난받는 이미지들을 나열하는 동안 말이다. 이런 방식으로 그러한 성적 실천의 '촉진'에 수반되는 '비난'은, 냉전에 대한 히스테리가 정점에 달했을 시기에 공산주의적 전복을 꾀하는 것에 대한 비난과 비슷하게 작동했다.

하지만 이 논쟁을 '문화전쟁'에서의 대립이라고 광범위하게 프레임을 짜게 되면, 콘퍼런스 논쟁이 드러내고 있는 뉴욕 지역에서의 구체적인 문제들과 이 논쟁 및 다른 '문화전쟁' 논쟁들을 둘러싸고 있는 더 큰 정치·경제적 맥락들을 놓치게 된다. 예를 들어 왜 콘퍼런스에 대한 공격이 로저 보엔 뉴욕주립대학 뉴팔츠 캠퍼스 총장의 사임에 대한 요구로 즉각 조직되었는가? 이 질문은 전국적으로는 물론 심지어 주와 뉴팔츠 지역 내 주류 언론 보도에서도 제기되지 않았다. 하지만 뉴욕시립대학 교수인 앨리사 솔로몬은 《빌리지 보이스》 기고문에서 드 루시와 '변화, 뉴욕'을 뉴욕의 공공교육에 대한 공격과 연결시켰다. 솔로몬은 이 대재앙을 1995년 조지 퍼타키의 주지사 당선 이래 뉴욕 주에서 공화당의 재정 보수주의가 대두한 점과 이후 이루어진 더 친기업적인 환경을 조성하고 기업 세금을 삭감한다는 명목으로 공공기관들을 축소하거나 제거하려는 노력이라는 맥락 속에 위치시킨다. "성적 연막"이라는 표제를 단 솔로몬의 글은 다음과 같이 시작한다. "[공공]기관을 축소하려는 당신의 캠페인에 대한 지지가 부족할 때 섹스에서, 특히 여성과 게이와 관련된 섹스에서 그 지지를 찾아라."[14]

콘퍼런스에 대한 공격을 이해하는 핵심 열쇠는 솔로몬이 앞의 글에서 밝혔듯이 문화, 정치, 경제 사이의 연결고리들이다. 이 연결들은 콘퍼런스에 대한 공격과 같은 지역에서의 특정한 활동에서 드러난다. 또한 일련의 주장과 전략들을 독특한 집합의 형태로 구성하려는 활동과 연결되기도 한다. 말하자면 콘퍼런스에 대한 논쟁, 뉴욕 주의 정치 상황, 그리고 신자유주의의 전반적 목표 사이에 서로 관련된 연결고리들은 공화당 정치와 연관되는 교육에서의 섹스 문제에서, 1990년대 미국 기반 기업들의 우선권과 그들[정치권]과의 제휴로 관심의 초점을 옮긴다.

1990년대 후반 뉴욕에서 신자유주의 정책 의제는 뉴욕의 전 주지사인 마리오 쿠오모로 대표되는 '구식의 증세 자유주의old tax and spend liberalism'*라는 의제를 명확히 대체했다. 비록 쿠오모는 빌 클린턴과 마찬가지로 자신의 재임 기간 동안 신자유주의적 기업 의제를 추진했지만, 클린턴과는 달리 주기적이고 결정적으로 그것에 저항하기도 했다.[15] 공화당의 보수주의자 조지 퍼타키의 당선과 동시에 감세 및 '복지' 축소가 정책의 우선순위가 되고 주의 많은 공공기구가 축소되고 민영화되면서, 이러한 저항은 일소되었다. 축소되고 민영화된 공립대학이라는 신자유주의적 비전을 고취하기 위해, 퍼타키는 캔디스 드루시와 같은 활동가로 뉴욕주립대학 이사회를 채웠다.

하지만 대중적 프로그램과 기관을 공격하기 위해서는 정부 계획뿐만 아니라 대중 홍보 캠페인 또한 필요했다. 그리고 뉴욕 주에서 공공교육에 대한 대중적 지지는 유지되고 있었다. 주 정치 차원에서 신자유주의를 지지하는 대중 미디어의 전략을 돕기 위해, '변화, 뉴욕'(즉, 퍼타키 캠페인을 강력하게 지지해온 공화당과 연결된 주요 기업의 CEO, 투자은행가, 증권 중개인의 연합)은 정책연구를 위한 제국재단The Empire Foundation for Policy Research을 설립했다. 이 재단은 1997년 여름 동안 뉴욕주립대학이 "너무 비용이 많이 들고, 지나치게 공이 든다고" 비난하는 세 편의 보고서를 발간했다.[16]

'변화, 뉴욕'과 제국재단은 전국 학자 협회, 미국 이사 및 동문 회

---

* '구식의 증세 자유주의'는 높은 세금을 걷고 그 세금을 쓰는 큰 정부 지지자를 비꼬기 위한 말이다.

의American Council of Alumni and Trustees,[*] 맨해튼연구소The Manhattan Institute, 올린재단 The Olin Foundation, 매디슨 교육문제 연구소The Madison Institute for Educational Affairs와 같은 전국망을 가진 협회와의 연결을 통해 그들의 이사회에 문화전쟁을 위한 전사들을 포함시켰다. 이러한 조직과 개인은 1990년대에 뉴욕 주립대학뿐만 아니라 뉴욕시립대학에도 반대하는 장기 캠페인을 조직했다. 솔로몬은 이후에 다시 《빌리지 보이스》에 기고한 기사에서 이렇게 말했다.

비록 뉴욕 주 북부의 학교[뉴욕주립대학 뉴팔츠 캠퍼스]와 시립학교[뉴욕시립대학]에서 각각 다른 전략이 사용되었지만, 이 두 [공공교육] 시스템을 축소시키려는 이들의 전략은 복지를 제거하려 했던 공세에서 성공을 거둔 전술을 반복한다. 즉 세금이 들어가는 기금 사용을 축소하기 위한 최고의 방법으로, 세금 사용이 가져올 이익을 악마화하는 것이다.[17]

뉴욕시립대학에 대한 공격은 그 학생들 중 주로 소수자, 이주민, 가난한 학생을 게으르고 교육받을 자격이 없다고 묘사함으로써, 복지 반대 캠페인의 인종적으로 코드화된 전략을 채택하는 경향을 보였다. 학생 대다수가 백인이고 노동계급이거나 중간계급(약 1/3이 인종적 소수자이긴 하지만)인 뉴욕주립대학에 반대하기 위해, 공격자들은 전국 예술 기금The National Endowment for the Arts에 대한 공격 전략을 채택하여 섹스

---

* 두건은 American Council of Trustees and Alumni를 오기한 듯하다.

쟁점을 찾았다.

따라서 공공지원이 가장 약한 지점인 진보적 기관 외부의 취약한 변두리를 공격하는 '문화전쟁' 전술은, 스스로를 "경제성장과 일자리를 자극하기 위한 정책을 개발하고 주의 재정을 정상화하기 위해서" 설립된 "독립적 연구재단"이라고 묘사하는 제국재단과 같은 보수적 정책연구소의 종합적 목표와 결합된다. 야심찬 드 루시는 뉴욕주립대학 이사들에게 보내는 1995년 메모에서 정확히 이 융합된 의제를 위한 계획을 펼쳤다. "뉴욕주립대학의 미래에 대한 개인적인 비전"이라는 제목이 달린 메모의 내용 중에는 "뉴욕주립대학에서 무엇을 어떻게 가르치는지 다시 주목하라" "납세자 보조금을 줄여라" "캠퍼스 의장 선출에서 더 활발한 역할을" "인종과 성에 기반한 우선권을 재고하라" 같은 소제목이 달려 있었다. 구체적 목표로는 폐쇄와 합병을 준비하기 위해 캠퍼스들에 대한 순위 매기기, 노조 협상의 일부로서 교수에게 더 높은 생산성을 요구하기, 등록금 인상, 민영화를 제한하는 정책 뒤집기, 세금 부담을 줄이기 위한 기회를 포착하기, 제2언어로서 영어ESL 과목 제거, 캘리포니아 주의 1995년 주립대학 인종 및 성별 기반 프로그램의 거부라는 관점에서 소수자 우대정책을 검토하기였다. 그리고 결정적으로 로저 보엔의 사임을 위한 새로운 캠페인을 조직하면서 캠퍼스 총장을 선택할 때 이사회의 "적절한" 역할을 재확인하는 것이었다.[18]

드 루시는 1996년 뉴욕주립대학 뉴팔츠 캠퍼스의 총장으로 보엔을 임명하는 데 반대표를 던지면서 절차상 근거를 들었지만, 이후에 그와의 '철학적 차이'를 인정했다. 이전에 홀린스칼리지Hollins College의 행정 관리자이자 일본 문제에 정통한 전직 국제문제학 교수였던 보엔은 스스로가 학계 문화의 고전적 가치와 제휴하고 있으며, 정치적이고 경제적인 가치와 불편한 불화 관계이고 필요하다면 상황에 따라 그와 결별할 수 있다고 생각했다. 그는 뉴욕주립대학을 기업화하려는 열정적인 캠페인에 대한 타협을 거부하는 요소로 여겨졌고, 그를 제거하는 일이 뉴욕주립대학 이사들과 고등 공공교육에 대한 '변화, 뉴욕'의 관점을 공유하는 이들의 주 관심사가 되었다. 보엔에 대한 공격이 그를 즉각적으로 밀어내지는 못했다(그는 2001년까지는 사임하지 않았다). 오히려 이들의 공격으로 인해 보엔에 대한 지지가 조직화됐고, 그가 뉴욕주립대학을 약화시키는 힘에 대해 분명하게 비판하도록 이끌었다. 그의 책무를 둘러싼 큰 논란 이후 4년이 지나 그가 뉴욕주립대학 뉴팔츠 캠퍼스를 떠나기 직전이었던 2001년 5월에 올버니에서 열린 대학교수 연합 대표자 회의에서, 보엔은 다음과 같이 그의 가장 신랄하고 공격적인 비판을 내놓았다.

내 생각에 갈등은 고등교육의 기업화로부터 비롯되었다. 이는 1990년대 벼락경기 경제boom economy*와 동시기 소비에트연방 사회주의의 몰락에 따른 결과이다. 자본주의의 대승리와 사회주의의 몰락은 정치를 특징짓

---

* 여기서 '벼락경기 경제'는 중반부터 2000년대 초반까지 미국의 닷컴 경제의 호황을 가리킨다.

는 원리로서 시장의 우월성을 강화했다. 시장의 숨겨진 손은 어떠한 낭비되는 움직임도 관용하지 않는다. 그것의 부족한 자원 배분에서의 능수능란함(이것이 내가 말하는 정치이다)은 분배적 정의에 대해서는 더 이상 어떤 심각한 논쟁도 용납하지 않는 결과를 낳았다. 자본은 최고 지배 원리로 작동하고, 수요와 공급 원칙은 누가 무엇을 얻는지를 위한 메커니즘으로 기능하며, 성공은 생산성 수준과 총소득으로 측정된다. 자본의 영적 스승은 기업의 지도자이고, 그 조수들은 종합적 품질관리Total Quality Management*의 옹호자이다. 지배적으로 유행하는 사고방식은 '만약 무언가가 측정 가능하지 않다면, 그것에는 가치도 없다'이다. 이 이데올로기에게 남은 장애물은 오직 시간뿐이며, 그 옹호자들은 학계를 통제하기 위해 분투하기 시작했다.[19]

이런 관점은 말할 필요도 없이 퍼타키 행정부의 목표와는, 또는 퍼타키가 지명한 뉴욕주립대학 이사진이나 '변화, 뉴욕'과 같은 조직 내부에 배치된 기업 세력과는 잘 맞지 않았다. 보엔이 2001년에 정확히 묘사했던 것처럼, 이 세력은 제대로 된 해명도 없이 공공기관을 축소하고 그들의 실천을 기업 우선권에 부합하도록 하기 위한 전략인

---

* '종합적 품질관리'는 소비자의 요구에 부응하는 품질 달성을 목표로 하는 관리 개선 기법이다. 상품이나 서비스 자체의 품질뿐만 아니라 경영, 업무, 조직 구성원의 자질과 문화까지도 품질 개념에 넣어 관리할 것을 요구한다. 따라서 보엔은 소비자 만족이라는 이름으로 정량적 평가를 표준화하는 문화가 학계에도 확산될 것을 경계하는 것이다.

'문화전쟁' 전술을 주장해왔다. 1997년 주 의원이자 고등교육위원회의 의장인 에드 설리번은 '변화, 뉴욕'과 퍼타키 행정부의 두 가지 의제를 다음과 같이 꾸밈없이 명료하게 요약했다.

> 뉴욕주립대학 전체에서 엄격하게 작성된 보수적 교육과정을 시행하는 것과, 대학을 기업 영역에서 필요하다고 요구하는 일에 맞는 노동자를 준비시키는 훈련학교로 축소하는 것이다.[20]

공립학교를 일종의 공장으로 보는 이러한 관점은 적절한 직업적 기술은 가지고 있지만 협소한 지적 지평과 낮은 기대감을 가진 노동자를 대량생산하는 것이다. 또한 이것은 학생이 집단적·공적 삶을 위한 인간성의 더 넓은 비전의 역사를 평가할 수 있도록 가르치고, 그들 스스로 정치인의 의제를 판단할 수 있도록 하는 비판적 시민권을 위한 준비로서 공공 고등교육이라는 자유주의적·진보적·급진적인 비전과 반대된다. 물론 퍼타키 행정부가 공적 삶의 민주적 목표를 축소시키려 한 시도는 뉴욕에만 특수하게 존재하는 것이 아니라, 변화하는 조건들 아래에서 다양한 세력이 합병하고 협력할 때 각 주에서, 전국적 차원에서, 그리고 전 세계적으로 작동했다.[21]

'반란 행동' 콘퍼런스에 대한 공격이 이뤄지는 동안 작동한 일련의 경제적·정치적·문화적 의제들 간의 제휴는 언제 시작되었고 어떻게 작동했는가? 경제적·정치적 제휴에서 최초의 전환은 1970년대에 미국 기반 회사들이 국제적 경쟁상대의 성장에 압박을 느끼고, 그들의 이윤율이 급격히 추락하기 시작했을 때 나타났다. 비록 다른 경제 부문들은 각각 다른 순간에 서로 다른 도전을 직면하긴 했지만, 1973년은 채권자에게 빌려온 자본의 비율이 이윤의 비율을 계속해서 초과하기 시작한 미국 경제의 전환점이었다. 세계시장을 외국 기업들에게 내주게 되자, 이전까지 서로 전쟁 중이던 미국 내 기업 분파들은 떨어지는 이윤을 지켜내기 위한 방법을 찾기 위해 결집했다. 뉴딜연합을 지지하면서 숙련 백인 남성 노동자를 위한 비교적 안정적이고 고임금인 일자리를 만들기 위해 종종 노조와 협력했던 대기업들은, 노동조합에 반대하고 저임금을 지급하는 작은 사업체들과 공통된 명분을 보기 시작했다. 많은 기업들이 노동력 지급 비용(임금과 각종 사원 복지 혜택 등)을 줄일 방법을 찾기 시작했다. 예를 들어 그들은 미국의 각 주와 지역 내에서, 그리고 미국과 전 세계 다른 국가 사이에서 사업체, 일자리, 기업의 수익을 끌어오기 위한 경쟁을 부추기면서, 더 낮은 임금을 지불하고 보건 및 안전 규제가 없는 장소로 생산 단위를 이동시켰다. 게다가 정부의 기능과 서비스에 기부하는 수익의 비율을 줄이는 데 찬성하는 합의가 재계에서 등장했다.

감세, 노동비용을 줄이기 위한 노동규율, 자본 축적에 친화적인 환경을 만드는 것이 1970년대에 사업에서 가장 중요한 우선 원칙으로 등장했다. 이러한 목표는 중요 영역에서 정부의 비개입뿐만 아니라 정부 개입과 행동을 요청했다. 그들은 기업 이익단체, 조직된 노동, 정부 행동주의로 이뤄진 뉴딜정책과 위대한 사회의 연합을 해체시킬

것을 요구했다. 제2차 세계대전 이후에 이 연합은 몇몇 정부 [사회복지]
프로그램과 서비스를 통해 아래를 향한 부의 재분배를 제공하기 위해
서뿐만 아니라, 미국 기반의 자본주의 기업의 전 세계적 확장을 위한
사회 조건을 안정화시키기 위해서 작동해왔었다.[22]

　　뉴딜부터 위대한 사회에 이르기까지 미국의 사회민주주의 형태는
분명히 제한적이었고 온갖 배제로 가득했다. 자본주의의 불공정하고
비민주적인 구조에 대한 도전은 와해되고 전유되거나 주변화되고 자
제되었다. 하지만 그러한 뚜렷한 한계 속에서도 경제 불평등은 줄어
들었고 민주적 참여는 불균등하게나마 확장되었다. 1960년대까지 20
년 동안 미국의 세계경제에 대한 지배력의 성장은 국내 번영의 정치
에 힘을 실어줬으며, 이는 더 많은 부, 정치권력, 문화 자원을 미국 안
팎에서 평등하게 공유하기 위한 요구를 고취시켰다. 1970년대 기업
운동은 자원의 부족과 경쟁이라는 반정치를 통해 번영의 정치와 아래
로의 재분배를 공격했다. 기업 활동가들은 번영의 성과를 공적으로
공유하기 위한 자원이 충분하다는 생각을 지지하기보다는, 자원이 부
족하며 편안한 삶을 보장받으려면 집단과 개인 간의 치열한 경쟁이
요구된다는 아이디어를 촉진했다.

　　경제적 동기에서 효과적인 정치적 결집으로 이동하는 것은 항상
복잡하고 우연적이며 불안정한 기획이다. 뚜렷하게 명시적인 목표로
통합된 집단을 이동시키려 할 때마다, 운동과 사건은 잠정적인 동맹
과 의도치 않은 결과를 생산하는 상황 및 쟁점을 둘러싸고 충돌한다.
경제적·정치적·문화적 삶에서 오랜 세월에 걸친 불평등은 가능성과

결과를 형성하지만, 그것을 결정하지는 않는다. 1970년대에 벌어진 운동과 사건의 한 충돌은 다음 수십 년 동안 정치에 크게 영향을 미칠 모델을 생산했다. 그것은 바로 1978년 캘리포니아의 주민발의안 13호의 통과 배후에 있었던 '조세 저항'이다.

캘리포니아와 기타 지역에서 재산역진세*를 주장하는 조직화는 주민발의안 13호가 성공하면서 크게 공론화되기 전까지는 성공적이지 못했다. 『적은 재산 대 큰 정부*Small Property versus Big Government*』[23]라는 책에서 클래런스 로가 자세히 설명했듯이, 소비자운동으로 프레임이 짜인 이 성공적인 캘리포니아 캠페인은 교외에 사는 중산층 집단이 시작했다. 캘리포니아의 부동산 호황으로 주택 소유주들이 비공식적인 정치적 수단을 통해 개입하는 것이 불가능할 정도로 빠르게 재산세가 상승했다. 로가 설득력 있게 논증하듯이, 주택 소유주들은 더 낮은 세금뿐만 아니라 경제성장을 제한하는 더 나은 서비스과 규제도 주장했다. 그리고 어쩌면 랠프 네이더와 같은 진보적 정치 세력이 이들을 조직했을지도 모른다. 사실 좌파는 주택 소유주와 임차인에 대해서는 더 낮은 세금을, 하지만 기업에 대해서는 더 높은 세금을 조직하기 위한 일정한 노력을 해왔었다.

이 제안에는 더 많은 누진세를 대표할 수 있는 잠재성이 있었다.

하지만 부유한 주택 소유주와 지역 공동체의 사업체 경영주들이 캠페인에 뒤늦게 진입하면서, 캠페인의 성공을 보장해주는 한편으로 정반대 방향의 운동을 형성했다. 반세금운동의 지도자 하워드 자비스가 이후 주민발의안 13호가 될 청원서를 발표했을 때, 그 내용은 대체적으로 주택 소유주보다 오히려 기업을 위한 세금 공제를 제공하자는 것이었다(대략 2/3가 기업을 위해서, 1/3이 주택 소유주를 위해서였고, 세입자를 위해서는 아무것도 없었다). 1978년 이후 반세금운동이 전국적으로 퍼졌을 때, 그것은 반국가 기업 보수주의를 위한 중대한 발판이 되었다.

왜 정부 서비스와 규제를 지지하는 소비자/주택 소유주가 세금 공제 이득의 대부분을 기업에게 주는 청원서에 서명했는가? 그리고 왜 주민발의안 13호의 캠페인 기간 동안 형성된 동맹은 정부를 축소하고 경제성장에 대한 규제를 없애기 위한 전국적 동맹으로 변형되었는가? 대답은 당면한 경제적 이해들, 즉 중간 소득 계층과 부유한 주택 소유주 사이의, 세입자와 주택 소유주 사이의, 중소기업과 대기업 사이의 충돌에서는 찾을 수 없다. 그 대답은 인종의 정치와 문화에 있다.[24]

미국 인종주의의 오랜 역사는 제2차 세계대전 후 미국의 주거 지역을 인종적으로 구획하면서 특정한 패턴을 만들어냈다. 이러한 구획은 미국 전역에 걸쳐 도시를 둘러싼 인종화된 형태의 교외화가 가속화됨으로써 더욱 강화되었다. [다양한 인종이 거주하는] 도시 내부로부터 [인종적으로 동질적인] 교외로의 '백인 이주'는 광범위한 층위의 정부

캘리포니아에서의 조세 저항과 뒤이은 전국적 징세 반대 운동은 경제와 재산 소유권의 공간적 분할이 배태하고 있는 인종적 코드화에 편승했다. 사진은 1970~80년대 연방정부와 지방정부의 도시 방치를 단적으로 보여주는 뉴욕 사우스 브롱크스의 모습. 스페인어와 영어로 각각 '거짓 약속', '깨진 약속'이라고 쓰여 있다.

지원과 보조금을 통해 지지되었다. 예를 들어 고속도로 건설부터 연방정부가 보장하는 담보대출(비균등하게 백인 집 구매자에게만 할당되었다)에 이르는 것들이 있었다. 인종적 차이에 따른 확장된 공간화는 주택 소유주와 기업이 그들이 내야 할 재산세와 맺는 관계에 크게 영향을 미쳤다. 구체적으로 재산 소유권의 지역적 지리와 엮여 있는 세금 징수의 범주는 아주 쉽게 지역성에 '속하는 것'으로서, 그리고 지역 정부 서비스에 대해 일종의 직접적 대가를 지불하는 것으로서 상상될 수 있었다. 이러한 맥락에서 많은 주택 소유주는 스스로를 정부의 소비자로 생각하기 시작했다. 많은 이를 위한 공공기관과 시설을 지지하는 시민으로서보다는, 세금으로 지불한 가격에 대한 최고의 대가를 기대하면서 말이다. 이러한 소비자 시민권은 주거 패턴에 따라서 경제적·인종적으로 차별화되었다. 그리고 세금을 납부하는 이들[백인 교외 거주민]과 도시 내부의 서비스 지원을 통해 교외 거주민이 낸 재산세를 쪽쪽 빨아먹는 이들[유색인종 도심 거주자]이라는 개념, 즉 납세자 대 세금 좀먹는 이들이라는 개념을 형성하는 변화에 영향을 미쳤다.

캘리포니아에서의 조세 저항과 뒤이은 전국적 징세 반대 운동은 경제와 재산 소유권의 공간적 분할이 배태하고 있는 인종적 코드화에 편승했다. 교외의 납세자 시민은 자신들이 도시 내부의 복지 수혜자와 정부 서비스를 놓고 직접적으로 경쟁하고 있다고 상상했다. 그 경쟁은 은연중에 백인 이웃 대 흑인과 라틴계 [저소득층] 주택단지 프로젝트라는 대립하는 제로섬 전쟁으로 생각되었다. 사실 백인 집 소유자들은 다른 이들보다 더 쉽게 정부 보조의 담보대출을 이용할

수 있었던 것을 포함해 역사적으로 높은 수준의 정부 보조금의 수혜
자였다. 하지만 이런 식의 크게 왜곡된 상상 때문에, 교외 거주자들
은 실제 경제적 위계에서 [자신의] 위치와는 상관없이 스스로를 '가진
자'와 동일시했다. 이 '가진 자'들에게는 잃을 것이 있었다. 특히 [그
들이 내는] 세금이 인종적 경계를 따라 아래로 재분배될 위험에 처해
있었다.[25]

따라서 이 조세 저항에 대한 인종적 코드화는 (적어도 그들의 '고유
한' 지역 상황 내에서는) 정부 서비스와 규제를 지지하던 주택 소유주들
과 점점 더 그것에 반대하던 기업 사이에 다른 경우에는 가능하지 않
았을 법한 이상한 동맹을 형성했다. 조세 저항의 정치는 백인 주택 소
유주들이 인종적 타자와 비非동일시하는 과정을 통해 부의 위를 향한
재분배 전략을 지원하는 문화를 만들었다. 이때 인종적 타자는 사회
적으로 비정상적이고, 정치적으로 고립되었으며, 경제적으로 고갈된
아래를 향한 재분배 문화에 존재한다고 상상되는 흑인과 라틴계 도시
거주자이다.

조세 저항의 성공의 기저를 이루는 동맹은 상층에서 아래로 전파
시킨 음모에 의한 것이 아니었다. 주택 소유주의 운동이 반국가적 열
의뿐만 아니라 반기업 수사들도 증가시킬지 모른다는 두려움이 부분
적으로 있었기 때문에, 대기업들은 원래 주민발의안 13호에 반대했
다. 주민발의안 13호의 성공[즉 법안 통과] 이후에 전국적 기업 집단, 친
기업 정치인, 우파 활동가는 조세 저항에 대한 수사학적 전략과 정치
적 입장을 친기업적인 형태로 채택하고 추진했다. 인종적 타자화 정

치에 의해 형성된 지역이나 주에서의 다른 반란들은 전국적 수준에서는 보다 상의하달식 형태를 띠었다. 이는 새로 통합되는 사업 분파들에서 등장하고 있는 신자유주의 의제를 포함한 정치적으로 불안정한 포퓰리스트적 정치에 참여하는 새로운 '보수' 동맹을 생산하는 캠페인을 조직했다. 이러한 동맹 중 몇몇은 진 스테퍼닉과 리처드 델가도의 책『무자비*No Mercy*』에서 잘 정리해 놓았다. 이 책에서 그들은 상호 연결된 인종 기반 쟁점에 대한 캠페인들을 추적한다. 이 캠페인들은 지역의 인종주의적 포퓰리즘을 엘리트의 의제, 즉 보수/자유방임주의/신자유주의적 정책연구소와 재단의 지원과 결합하는 역할을 했다. 예를 들어 영어를 공식 언어로 만들기, 캘리포니아에서 주민발의안 187호에 포함된 이주민에 대한 제한을 지지하는 연합, 인종과 지능지수와 유전자에 대한 인종주의적 유사과학의 조장, 소수자 우대정책에 대한 공격, 복지와 대학 문화 정책에 대한 공격이 그것이다.[26]

　인종정치는 1970~80년대 동안 경제, 정치, 문화 자원의 아래를 향한 재분배를 옹호하는 동맹을 분열시키는 가장 중요한 쐐기가 되었다. 이러한 인종에 대한 초점은 역사적 인종주의의 유산이지만, 또한 직접적으로 그 이전 10년 동안의 아래를 향한 재분배 문화로서 민권운동의 힘, 1960년대 동안 좌파 쪽으로 이동한 반인종주의 정치를 통해 더 위협적이게 된 그 힘을 직접적으로 반영한 것이었다. 하지만 젠더와 섹슈얼리티의 분리 역시 이용되었다. 페미니즘, 여성의 재생산 권리, 성적 '자유분방'과 '변태성'에 대한 공격은 이 기간 동안 코드화되는 동시에, 노골적인 방식으로 위에서뿐만 아니라 아래에서도 발생되고 늘어났다. 모든 종류의 우파적 정체성정치는 신자유주의 정책 우선권의 핵심 쟁점을 지지하는 데 힘을 쏟았다. 바로 복지 '개혁'이다.[27]

1980~90년대 대학에서의 '문화전쟁'은 1970년대 이래로 발전한 수사의 목록과 동맹에 의존했다. 대중주의적 양식에서 대학 내의 '자유주의자'와 진보주의자를 '엘리트주의'적인 '외부'로서 자리매김함으로써, 특히 다문화주의, 마르크스주의, '이론'과 페미니즘[28] 등을 아래를 향한 재분배 문화를 지원하기 위해 납세자의 세금을 빨아먹는 것으로 만들면서 말이다. 예술 검열 전쟁 기간과 1980~90년대의 '동성애' 반대 국민투표 캠페인 기간 동안 첨예화되고 완성된 성 공황 전략 또한 핵심적인 역할을 했다. [성 공황은] 성적인 내용을 강조하면서 진보적 학계의 활동이 강의실에서나 학교생활에서 논의하기에는 '너무 정치적'인 동시에 '너무 개인적'이라는 프레임을 짠다. 이 두 가지 성격은 모두 공적 논쟁으로서는 대립을 만드는 위협적인 것인 동시에, 공공기관에게는 너무 우습고 사소하고 부적절한 것이 된다.

뉴팔츠의 '반란 행동' 콘퍼런스에 대한 잘 조율된 공격은 문화전쟁 기간 동안에 발전된 지침으로부터 직접 조직된 것이다. 성적 변태의 축제를 위해 세금을 빨아먹는 지적으로 파산한 여성학 프로그램이라는 이미지는 주립대학 체계의 평판을 떨어뜨려 [자신들의 입맛에 맞게] 재조직하기 위한 목적에 안성맞춤이었다. 날조된 풀뿌리 조직 또는 낭비할 돈과 시간이 많은 천박한 '자유주의적' 교수진에 대한 대중적 역겨움에 호소하면서, 드 루시와 '변화, 뉴욕'은 공공교육을 강력히 지지하는 뉴욕 주의 대중에게 이런 교육이 그들의 돈을 잘못 사용하고 있다고 설득하고자 했다. 왜냐면 그것은 결국 성적 변태들의 주머니로 들어갈 것이기 때문이다. 뉴욕시립대학에 대한 인종적으로 코드화된 공격('게으르고' '준비되지 않은' 또는 영어를 모국어로 쓰지 못하는 학생에게 돈을 낭비한다는 비열한 비난뿐만이 아니라 민족연구 ethnic studies 프로그램에 대한 공격도 포함하는)과 결합해서, 이 전략은 [공공기금을 급속도로 감소시키고 뉴욕의 공공 고등교육에 대한 주정부 중앙에서의 통제를 정당화했다. 아래를 향한 재분배 문화를 위한 장소를 제공하고 구체화했던 제도들은 1990년대 후반 동안 그것을 기업의 자원으로 전환하기 위해 축소되고 재구조화되었다.[29]

공공대학 체계를 기업화하려는 이러한 노력이 전적으로 성공적이지는 않았다. 저항은 강력했고 때때로 효과적이었다. 하지만 그러한 저항은 협소한 정치적 틀로 인해, 즉 단순한 학문 자유의 방어나 특정 프로그램, 학과, 교수, 과정, 콘퍼런스에 대한 방어의 방식으로 이뤄짐으로써 약화되고 제한되었다. 신자유주의적으로 경제·정치·문화를 재구조화하는 문화전쟁 전략에 대한 효과적인 저항은 다중적이고 중첩되는 불평등이라는 맥락에서 아래를 향한 재분배의 다양한 문화를 연결하는 중요 고리를 상상할 것을 요구한다. 뉴욕주립대학 뉴팔츠의 여성학 프로그램은 공적 삶에서 자주 배제되고 특정한 낙인이 찍힌 학생들과 지역 공동체 집단에게 자원을 제공했다. 그들은 또한 대학의 기업화에 대한 비판도 길러냈다. 이 때문에 그들은 공격받았고, 그 공격은 광범위한 정치적 효과를 미쳤다. 문화에서 정치와 경제로 이어지는 공격의 연쇄를 드러내고, 그것의 고유한 연결고리를 만들어내는 대응만이 [아래를 향한 문화 재분배를 위해] 자원이 반대 방향으로 향하도록 자극하는 작용을 할 것이다. 이렇게 했다면 단순히 구체적 공격의 위험을 해제하는 것뿐만 아니라, 지속 가능한 진보적인 반대를 건설하는 일에 성공했을지도 모른다. 지속 가능한 반대는 문화·정치·경제의 연결을 필요로 한다. 말하자면 정체성정치와 계급정치를, 보편주의 수사와 특수한 쟁점/이해관계를, 지적인 자원과 물질적 자원을 연결해야 할 것이다.

뉴욕에서 그리고 더 광범위하게는 미국에서 공공 고등교육에 대한 공격은 고등교육을 지원하는 전반적인 공공기금을 줄이고 대학의 교육과정을 더 직접적으로 사기업의 요구에 응하도록 다시 설계함으로써, 교육을 민영화[사사화하는 것을 목적으로 한다. 공공교육을 축소하기 위한 신자유주의 캠페인은 또한 크게는 지식과 정보에 대해 폭넓은 접근을 지원하는 공공적 성격을 폐지하기 위한 것이었으며, 교육을 더 개인적 책임의 문제로, 말하자면 사적이고 주로 경제적인 문제로 정의하고자 하는 것이었다. 민주주의를 위한 공공교육의 대응과 방어를 위해서는 전반적인 신자유주의 문화 기획과 그 기반이 되는 경제정책 및 정치와의 관계를 이해하는 것이 필요하다.

미국이든 전 세계적으로든 신자유주의 의제를 지지하는 동맹이 안정적이고 불가피한 것은 아니다. 신자유주의 세계경제, 보수적 우파의 국내 정치, 문화전쟁을 연결하는 동맹은 잠정적이다. 그리고 새천년에 이르러서 그 동맹은 희미해지고 있다. 포퓰리즘 캠페인이 그렇듯이, 문화전쟁에서 보수주의적 신자유주의자의 표적이 된 '정체성 정치'는 좌파에서 우파까지, 위를 향한 재분배에 대한 지지에서 아래를 향한 재분배에 대한 열정적인 옹호까지 다양한 잠재력과 실제적인 정치적 가치를 포괄할 수 있다. 새로 등장한 신자유주의 세력은 문화전쟁 전략을 통해 1960년대 이래로 사회운동 내에서 자리 잡은 아래를 향한 재분배 문화를 공격하고 고립시킬 수 있었다. 이 전략의 이면은 위를 향한 재분배 정책을 위해 결집된 '정체성정치'의 형태를 양성하는 것이다. 문화전쟁은 효과적인 작전 계획이었지만, 1990년대의 신자유주의자에게는 [구시대의] 잔여적 전략이 되었고, 그들은 점차 종교적 도덕주의자인 우익을 떨쳐낼 여력을 갖게 되었다. 말하자면 그들은 점점 강력해지는 주류 신자유주의에게는 찌꺼기일 뿐이었다. 신자유주의의 새천년을 위한 전략은 기업적 세계질서와 양립할 수 있는 새로운 '평등'정치였다.

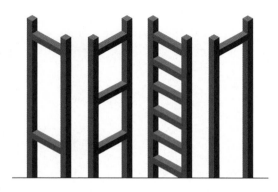

3장

평등한 퀴어라는 신자유주의의 신화

2001년 9월 11일 세계무역센터 건물과 미 국방부에 대한 공격 직후, '도덕적 다수Moral Majority'* 설립자 제리 폴웰 목사는 매일 방송되는 팻 로버트슨의 보수적인 기독교 텔레비전 쇼 〈700 클럽〉에 출연해서 이 비극적인 폭력의 원인에 대해 논평했다. 폴웰은 다음과 같이 의견을 밝혔다.

이교도, 낙태 시술자, 페미니스트, 활발하게 대안적인 삶의 양식을 만들려고 시도하는 게이와 레즈비언, 미국 시민자유 연합American Civil Liberties Union, ACLU, 미국적 길을 위한 사람들People for the American Way, 미국을 세속화하려고 시도해온 모든 이들, 그들의 면전에 손가락질하며 나는 말합니다.

---

*   '도덕적 다수'는 1979년 6월 버지니아 주 린치버그의 침례교 목사인 제리 폴웰이 창설한 미국의 보수적 기독교 정치단체이다. 낙태 합법화 반대, 국방 예산 증액 지지, 금서(禁書) 십자군운동 등을 주요 활동으로 한다.

"당신이 이 사태를 만들었소."

폴웰은 이러한 국가의 도덕적 상태를 고려했을 때, 미국이 신으로부터 테러리즘이라는 처벌을 "당할 만하다"고 주장했다. 이 전형적인 '문화전쟁'식의 개탄 이후, 곧 세계무역센터 건물에서 사망한 사람들의 가족을 위한 구호기금의 대상에서 동성 동거동반자들을 제외하겠다는 발표가 이어졌다.[1]

이러한 공격과 배제는 1980년대 초 이래로 미국의 정치에서 늘 있어왔으며, 공화당 정치인이 종종 암묵적으로 지지하거나 적어도 용인하는 것이었다. 하지만 2001년 9월에 양대 전국정당의 정치인들은 폴웰의 성명을 빠르게 거부했고, 공화당 대통령 조지 W. 부시와 공화당 뉴욕 주지사 조지 퍼타키는 9·11 희생자 가족을 위한 정부의 구호기금 지원에서 동성 동거동반자의 배제를 철회했다. 퍼타키는 다음과 같이 논평했다.

솔직히 말해서, 오랫동안 내가 일원임을 자랑스러워했던 당은 (…) 불관용을 표했습니다.[2]

많은 논평가가 9·11의 국가적 비극이 특히 레즈비언 및 게이 국민에 대한 '공식적' 여론의 분위기를 좀 더 포용력 있는 방향으로 바꾼 것 같다고 지적했다. 하지만 1990년대 중반 이래로 전체 게이 인구 중에서 가장 동화주의적이고 젠더 [규범에] 적합하며 정치적 주류에 속하는 일부에 대한 포용은 정치, 미디어 재현, 직장에서 이미 나타났다.[3] 미국의 신자유주의 정치인, 기업 고용주, 미디어는 실질적인 평등은 아닐지라도 이미 '다양성'의 방향으로 의미심장하게 움직여왔다. 인종적 소수자와 여성을 고위 공무원직에 채용하고 성소수자 배제의 범위를 줄이려고 했던 클린턴 행정부의 진지한 노력에서부터 조지 W. 부시 행정부의 명백히 시늉에 불과한 포용의 제스처까지, '공식적인' 신자유주의 정치 수사들은 1990년대의 '문화전쟁' 동맹에서 미국 기업의 국제적 열망과 양립 가능한 피상적 '다문화주의'로 이동했다.[4] [물론] '문화전쟁'식 공격과 동맹이 사라지진 않았다. 하지만 그것은 새 천년에 걸맞은 다양성 및 협소하고 형식적이며 비≠분배적인 형태의 '평등'정치를 향한 새로운 수사적 헌신에 대한 지지 속에서 전국적 정치 무대로부터 퇴각했다.

신자유주의적 흐름 내의 '다문화적' 다양성을 향한 움직임을 따라, 몇몇 '평등정치' 지지자는 진보 좌파와의 제휴를 포기하고 정체성/평등정치라는 신자유주의적 브랜드를 채택하면서 시민권 로비 및 정체성정치 조직을 떠났다. 이 조직, 활동가, 작가들은 '몰인종적 color-blind'* 으로 소수자 우대정책에 반대하는 인종정치, 보수적-자유지상주의적 '평등 페미니즘', 게이 '규범성'을 추구했다. 그들은 현재로서는 상대적으로 수가 적은 신흥 소수파지만, 신자유주의 정치 내에서는 상당

---

* 인종을 인지하지 않는다는 것은 인종적 위계와 억압이 존재하는 상황에서 결국 차별을 간과하는 효과를 낳는다.

히 눈에 띄는 새로운 구성체이다.[5] 만약 그들이 정체성정치의 지지자를 진보 좌파에게서 분리하여 신자유주의 동맹 내로 포섭하는 데 성공한다면, 그 결과로 미국 정치는 대대적으로 재배치될 것이다. 이 재배치는 주로 '문화전쟁'의 인종주의를 통해서 민주당 지지자 집단을 뉴딜연합에서부터 빼내 공화당 계열로 이동시킨 1970년대 '남부 전략'*에 비할 만하다.[6] 비록 아직은 가능성이 별로 없어 보이지만, 이러한 재배치는 진보 좌파를 더 위축시키고 주변화할 것이다. 그리고 이 위험은 좌파 자신들이 정체성정치와 문화정치를 충분히 통합하지 못했을 때에만 증폭될 것이다.

이번 장은 레즈비언 게이 권리 운동으로부터 새로이 등장한 신자유주의적 '평등'정치의 사례연구를 제시한다. 지난 10년 간 전국의 레즈비언 게이 시민권 로비·소송 조직들은 지지층 결집 및 공동체 기반의 협의에서 거의 완전히 분리되어왔다. 권리에 대한 국가적인 정치 문화를 따르고 생존을 위한 자금 조달의 시급함에 압박당하면서, 게이 시민권 단체들은 신자유주의적 수사와 기업적 의사 결정 모델을 채택해왔다. 전국의 주요한 레즈비언 게이 시민권 조직 중 상당수는 더 이상 광범위한 진보운동의 대표가 아니다. 이 조직들은 점점 더 특

---

* '남부 전략'은 1965년의 선거권법을 통해 인종에 따른 투표 권리 차별 철폐가 시행된 이래, 공화당이 선거에서 인종주의를 통해 기존의 민주당 백인 지지자들을 공화당으로 포섭하고자 했던 전략이다. 이는 닉슨의 참모인 케빈 필립스가 대중화한 것으로 알려져 있다.

정한 게이와 부유한 엘리트를 위한 로비, 법률, 홍보 회사가 되었다. 그 결과 동성결혼과 군복무의 기회가 게이, 레즈비언에게도 평등하게 주어져야 한다는 요구가 전국의 운동단체들이 수십 년 전 진보적 사회운동의 맥락 속에서 처음으로 등장했을 때 추진했던 정치·문화·경제적 쟁점들을 대체했다.[7]

예를 들어 워싱턴 D.C.에 있는 가장 부유한 전국 게이 레즈비언 시민권 로비단체인 인권캠페인The Human Rights Campaign, HRC은 워싱턴에서 행진으로 새천년을 알렸다. 이전의 전국적 결집을 계승한다고 홍보된 새천년 행진The Millenium March은 사실상 미국의 게이운동 조직의 역사와의 결정적 단절이었다. 외부로부터 의견을 거의 듣지 않은 채 기업 양식을 본뜬 이사회가 기업 스폰서들을 모아서 치러낸 새천년 행진은 풀뿌리 행동이라기보다 오히려 미디어 캠페인 홍보 활동이었다.[8] 전국의 지역사회 조직가들은 하향식의 기업적 계획과 그 행진에서 전개된 베네통 광고식의 '다양성'정치에 저항했다. 그 저항은 이미 2년 전에 인권캠페인의 임원진이 뉴욕 주 상원의원 선거에서 중도 자유주의적인 민주당의 찰스 슈머 대신 낙태 반대론자인 공화당의 알 다마토를 공개 지지하면서 발생한 분노에 기반하고 있었다.

2001년 9·11 이래 결혼과 군대에서의 포함을 요구하기 위한 수사적 촉진제로서 모범적인 게이 '영웅'과 '희생자'의 미국 정신Americanism에 대한 강조가 더해지면서, 신자유주의 정치로의 우향우가 강화되었다. 2001년 가을 미국의 초기 아프가니스탄 폭격에서 발생한 호모포비아

homophobia[*]적 사례에 대한 반폭력 프로그램을 위한 전국연합_{National Coalition} for Anti-Violence Programs, NCAVP의 대응은 당시의 맹목적 국수주의의 잠재성을 드러냈다. AP통신은 미 해군 항공모함에 실리는 폭탄 탄두에 "호모를 습격하라_{Hijack this Fags}"^{**}라고 쓰여 있는 사진을 보도했다. 반폭력 프로그램을 위한 전국연합은 보도자료에서 다음과 같이 항의했다.

그 메시지는 게이를 '적'과 등치시킨다. 그것은 지금 이 순간 다른 이와 마찬가지로 영광스럽게 군복무를 하는 게이, 레즈비언, 바이섹슈얼 군인을 곤경에 빠뜨리고 그들의 명예를 손상시킨다. (…) 미 해군 항공모함에 실린 탄두에 쓰인 글귀는 동성애자 학대의 매우 심각하고 경멸스러

---

* '호모포비아'는 심리적 차원에서의 동성애 혐오, 공포만을 말하는 것이 아니다. 최근 인류학과 퀴어 연구들은 감정이 문화적·사회적으로 생산되고 구성된 것이라 지적해왔다. '호모포비아'는 이성애규범적 민족주의, 국민국가의 폭력, 섹슈얼리티와 복잡한 관계 속에서 동성애를 차별, 혐오하고 두려워하거나 수치스러운 것으로 여기는 실천과 정치로 이해할 수 있다. 관련한 논의로는 Tom Boellstorff, "The Emergence of Political Homophobia in Indonesia: Masculinity and National Belonging," *Ethnos* 69(4), 2004, pp. 465~486과 Hadley Renkin, "Homophobia and Queer Belonging in Hungary," *Focaal: European Journal of Anthropology* 53, pp. 20~37을 참고하라.

** 'Fag'는 남성 동성애자가 여성적이라는 전제하에 실제로 남성 동성애자 외에도 여성적인 남성을 비하, 규율, 처벌하기 위해 사용되는 단어로, 한국에서 유사하게 사용되는 호모로 번역했다. 이 단어를 둘러싼 실천들은 섹슈얼리티의 문제가 단순히 성적 지향의 문제가 아니라 젠더 역학과 어떻게 엮여 있는지를 보여준다. C. J. Pascoe의 책 *Dude, You're a Fag*(University of California Press, 2007)를 참고하라.

운 사례이다. 왜냐하면 그것이 우리의 보호와 방어를 맡은 이들에게서 나왔기 때문이다.[9]

뉴욕의 활동가 빌 돕스는 이렇게 답했다.

그렇다, 그 문제의 낙서는 개탄할 만하다. 하지만 폭탄 그 자체가 더 문제다. 폭탄이 공중에서 투하되어 폭발할 때 무슨 일이 벌어지는가. 반폭력 프로그램을 위한 전국연합(게이 집단들의 연합)은 그러한 문제에 대해 말했는가? 분명 '폭력'은 이 상황에 얽혀 있다. 많은 미국인이 민간인 사상자에 대한 보도의 한가운데에서 현재의 군사작전에 대해 의문을 제기한다. 반면 반폭력 프로그램을 위한 전국연합은 골치 아픈 정책과 쟁점을 죄다 피하면서, 나쁜 낙서가 없다면 폭탄과 폭탄 투하는 괜찮다는 메시지를 보낸다. 이런 식으로 '게이에게만 초점 맞추기'만 주어진 상황에서, 나는 그 임무에 게이/레즈비언/바이섹슈얼/트랜스젠더 포격수가 있었다면 과연 반폭력 프로그램을 위한 전국연합은 그들을 칭찬했을지 궁금하다.[10]

인권캠페인과 반폭력 프로그램을 위한 전국연합만이 이렇게 편협한 정치적 전망의 견해를 발전시켜온 것은 아니다. 진보적 활동가들에게 단일 쟁점 정치(즉 '게이에게만 초점 맞추기')라고 종종 오해받고 비판받아온 새천년의 전국적 게이 시민권 정치는 사실상 신자유주의의 다양한 쟁점 중 '게이 평등' 분과로서 발전해왔다.

또 다른 예로 1999년 뉴욕에서 열린 통나무집 Log Cabin* 전국 리더
십 콘퍼런스 '모두를 위한 자유 Liberty for All'가 있다. 미국 각지에서 모인
게이 공화당원들은 당시 뉴욕 시장인 루돌프 줄리아니의 기조연설과
인권캠페인의 위니 스태셀버그, 게이 레즈비언 승리기금 Gay and Lesbian
Victory Fund의 브라이언 본드, 《내셔널 저널》의 조너선 로치, 전국 레즈비
언 게이 대책위원회 The National Lesbian and Gay Task Force 정책연구소의 소장인
어바시 바이드로부터 일련의 기조 강연을 들었다. 총회 강연 연단에
서 바이드는 공동체 통합을 배경으로 진짜 대화, 상호 존중, 그리고 심
지어 심각한 정치적 적대를 하고 있는 게이 집단 및 게이 지도자 사이
의 친밀감이 필요하다고 선언했다.

하지만 그 콘퍼런스의 후원자들은 바이드의 공손하고 포괄적인
대화에 대한 요구를 단지 피상적으로 수용했다. '통나무집 공화당원'
의 총의장인 리치 타펠은 게이 정치 통합의 기초에 대해 다른 관점을
표명했는데, 그는 새로운 중심과 확실한 배제를 통한 전환된 운동을
주장한다.

그 콘퍼런스는 우리가 지금껏 열었던 것 중 가장 중요했다. 콘퍼런스의
성공은 게이운동에서 나타난 명백한 변화를 더욱 굳건하게 만들고 있

---

* 공화당 내 게이 조직인 '통나무집 공화당원(Log Cabin Republicans)'을 가리키
는 말로, 공화당의 첫 번째 대통령인 링컨의 출생지인 로그캐빈(Log Cabin)을
그 이름으로 내세웠다.

다. 미국 전역에 걸쳐 변화가 일어나고 있다. (…) 그리고 이 변화와 함께, 특히 극좌와 극우로서 극단적 입장에 힘을 쏟았던 극단주의자들은 변화를 중단시키려는 필사적인 전술을 펼치기 시작했다.[11]

콘퍼런스에서 조너선 로치는 이러한 새로운 중심을 "자유지상론적인 급진적 독립"이라고 일컬었고, 온라인 작가들의 집단인 독립게이포럼Independent Gay Forum을 새로운 게이운동의 "첨단"이라고 표현했다.

'게이 주류 구축하기'라는 기치 아래에서, 독립게이포럼 웹사이트는 다음과 같은 조직 원리를 선언한다.

● 우리는 게이와 레즈비언이 법적 평등과 동등한 사회적 존중을 받으며 시민사회에 완전히 포함되는 것을 지지한다. 우리는 게이와 레즈비언이 결과적으로 우리의 국민적 삶의 창조성, 강건함, 품위에 기여한다고 주장한다.

● 우리는 개인의 자유, 인간의 도덕적 자율성과 책임, 법 앞의 평등이라는 미국의 시스템과 전통의 근본적인 미덕에 대한 믿음을 공유한다. 우리는 그러한 전통이 시장경제 제도, 자유로운 토론, 제한적 정부에 달렸다고 믿는다.

● 우리는 게이와 레즈비언이 사회적 도덕성과 정치적 질서에 위협을 가한다는 '보수적' 주장을 거부한다.

● 우리는 게이가 근본적인 사회 변화나 사회 개혁을 지지해야 한다는 '진보적' 주장을 똑같이 반대한다.

● 우리는 어떠한 접근법은 공유하지만, 세세한 많은 것에서 의견이 불일치한다. 우리는 자유방임주의, 중도주의, 고전적 자유주의를 포괄한다. 우리는 정부의 역할, 개인의 도덕성, 종교적 신념, 인간관계에 대해 서로 다른 관점을 가진다. 우리는 이러한 의견 불일치를 공개적으로 공유한다. 즉 우리는 독자가 그것에서 흥미를 얻고 사유를 일깨우길 기대한다.[12]

이 다양한 '제3의 길' 수사는 1990년대 이후 신자유주의에서 핵심적이다(1장을 보라). 독립게이포럼은 반동성애 보수주의와 진보적 퀴어 정치 둘 다에 반대한다고 스스로를 위치 짓는다. 독립게이포럼 작가들의 '다른 견해'는 이 양극단 사이의 영역에 자리한다는 것이다. 웹사이트에 이름이 실린 서른 명의 남성과 세 명의 여성(한 명의 아프리카계 미국인 남성을 제외하곤 모두 백인이다) 중에는 잘 알려진 작가인 『사실상 정상: 동성애에 대한 하나의 주장*Virtually Normal: An Argument about Homosexuality*』(1995)의 저자 앤드루 설리번과 『게이를 위한 자리: 미국 사회의 게이 개인들*A Place at the Table: The Gay Individual in American Society*』(1993)*의 저자 브루스 바워뿐만 아니라, 그보다 덜 유명한 월터 올슨(잡지 《이성*Reason*》의 칼럼니스트이자 『변명 공장: 어떻게 고용법이 미국 직장을 마비시키고 있나*The Excuse Factory: How Employment Law is Paralyzing the American Workplace*』(1997)의 저자), 자유방임주의

---

* 이 책에서 브루스 바워는 이성애자의 시선으로 봤을 때 비정상으로 보이는 게이 하위문화와 공동체를 비판하며, 이성애 가족 제도에 게이 개인들이 동화되어야 한다고 주장한다. 그는 게이들이 이성애자에게서 스스로를 분리하기보다, 그들과 함께 식탁에 앉을 수 있기를 희망한다.

적인 카토연구소의 총괄 부소장이자『자유방임주의: 입문서*Libertarianism: A Primer*』(1997)의 저자인 데이비드 보아즈가 있다. 또한 그렉 루가니스와 함께『표면 깨뜨리기*Breaking the Surface*』(1995)를 쓴 에릭 마커스처럼 더 애매한 중도주의적 관점을 갖고 있는 몇몇 대중 작가나,『미국의 게이*American Gay*』(1996)의 저자이자 사회학자인 스티븐 머리처럼 학문적으로 훈련받은 지식인도 다소 있다.

독립게이포럼 웹사이트에서 다운로드가 가능한 글들은 한편으로는 외견상 보수적 도덕주의자, 반동성애 교회의 교리, 탈동성애 프로파간다를 표적으로 하고(폴 바넬의 "변화하는 교회*Changing Churches*"와 "전직 게이의 장난감 총*The Ex-Gay Pop-Gun*"*), 또 한편으로는 퀴어 문화와 지적 급진주의를 표적으로 한다(스티븐 머리의 "왜 나는 퀴어 이론을 진지하게 여기지 않는가*Why I Don't Take Queer Theory Seriously*"와 제니퍼 바나스코의 "퀴어 지배 신드롬*Queer Dominance Syndrome*"). 그런데 [이렇게] 익숙한 정치적 제3의 길로 연결되며 그것을 형성하는 것과, 대담하게 공격적인 게이 활동가를 반대하는 동화주의자의 반복된 장광설은 민주주의의 미래를 위한 더 큰 논점이다. 게이 정치에서 매우 눈에 띄고 영향력 있는 중도-자유방임주의-보수주의-고전적 자유주의 구성체는, 어바시 바이드와 같은 진보적 활동가가 대변하는 확장하는 민주적 전망과 경합하며 이를 대체하는 것을

---

* 이 칼럼에서 바넬은 이전에 게이였던 이들의 목소리를 빌려 동성애가 치료 가능하다는 광고를 낸 보수적 종교 집단을 비난한다. 그는 동성애 탈출을 독려하는 이 주장이 소리만 요란할 뿐 표적을 제대로 맞추지 못하는 장난감 총과 같은 헛소리임을 지적하기 위해 칼럼의 제목을 이렇게 지었다.

목적으로 한다. '사적' 통제와 경제생활에서의 광범위한 불평등으로부터 분리되어 협소하게 제약된 공적 삶의 모델이 민주적 전망을 대체한다. 이 새로운 구성체는 단지 게이운동 정치의 스펙트럼 중 일부일 뿐 아니라, 미국 신자유주의 문화 전선의 중요하고 새로운 일부이다.

게이 평등에 대한 수사를 생산하고 신자유주의 정치 구조 내에서 일반적으로 작동하는 특정한 정책들을 위해 로비를 함으로써, 독립게이포럼 및 그와 제휴한 작가들이 바라는 바는 다음과 같다. (1) 좌우파의 비판자들에 대응하며 신자유주의의 힘을 강화하려 한다. 특히 좌파 게이에 대해서는 언론인 리처드 골드스타인이 반反진보 좌파적 "퀴어 공격"*13이라 명명한 것으로 대응한다. 그리고 (2) 그들의 자유지상주의/중도/보수 게이 정치 브랜드의 방향으로 신자유주의적 의견 합의를 밀어붙이고, 정치적으로 매력적인 반동성애적 대안을 피하려 한다.

현재 독립게이포럼 사이트에 글을 게시하는 작가들이 세운 교두보는 1990년대 중반 이래 주류 언론과 동성애 관련 언론에서 마이클 워너가 "허상의 게이운동"이라 부른 것을 창조하는 데 놀라운 효과를 발휘해왔다.14 책임감 있는 중도를 대표하는 '전통적' 게이라는 허상의 주류 대중에 호소하면서, 이 작가들은 '해방 운동가'와 좌파를 무책임한 '극단주의자' 또는 단순한 시대착오자로 위치시켜왔다(이런 방식

---

* 골드스타인은 두건처럼 우익 게이 언론인들(예를 들어 앤드루 설리번)과 그들의 정치를 비판하는데, '퀴어 공격'은 그러한 우익 게이 언론인들의 전략을 지칭하는 말이다.

독립게이포럼의 새로운 신자유주의적 성정치는 새로운 호모
규범성으로 칭할 수 있을 것이다. 새로운 호모규범성은 가
정생활과 소비에 입각한 사사화되고 탈정치화된 게이 문화
를 약속함으로써 이성애규범성을 고수하고 지지한다. 사진은
2014년에 결혼한 배우 닐 패트릭 해리스와 그의 배우자 데이
비드 버트카. 이 부유한 백인 게이 커플은 인종주의적·이성애
중심적 질서와 자본주의의 권력관계에 위협을 가하지 않는 동
성 커플의 전형을 보여준다.

© Wikipedia

으로 그들은 좌파의 의견을 '극단적'이거나 '낡은' 것이라고 비방해왔던 우파 라디오 토론 프로그램 진행자, 보수적 텔레비전 뉴스 해설자, 그리고 많은 주류 신자유주의적 정치인들에 동조한다). 하지만 이 집단은 국가정책에 영향을 미치는 데 그리 성공을 거두진 못했다. 많은 주류 정치인이 그들의 핵심 의제인 결혼과 군복무에 대한 완전한 접근을 지지하도록 설득하는 데 실패했던 것이다. 하지만 분명 그들은 이 의제에 대해서, 또는 새 천년의 신자유주의를 위한 새로운 성정치를 제공한다는 그들의 전체 계획에서 아직 패배한 것은 아니다.

독립게이포럼의 새로운 신자유주의적 성정치는 아마도 새로운 호모규범성new homonormativity*이라고 칭할 수 있을 것이다. 이것은 지배적인 이성애규범의 전제 및 제도와 경합하는 것이 아니다. 오히려 조직적 결집으로부터 해제된 게이 구성원의 가능성과 가정생활 및 소비에 입각한 사사화되고 탈정치화된 게이 문화를 약속함으로써 이성애규범성을 고수하고 지지하는 정치다.[15] 독립게이포럼 작가들은 한편으로 상상된 게이 대중에게, 다른 한편으로 신자유주의에 의해 구성된 전국적 주류[대중]에게 이중적 목소리로 연설하면서 이러한 정치를 생산

---

* 역사학자이자 페미니스트이며 트랜스젠더 이론가인 수전 스트라이커가 퀴어 이론은 곧 백인 중심의 동성애 이론이었음을 비판하기 위해 다른 층위의 '호모규범성'을 제시한 것 역시 함께 고민해야 한다. 그것은 LGBT/퀴어를 학술대회의 표어로 내걸면서도 실제로 논의되는 내용은 게이와 레즈비언에 국한된다거나, LGBT/퀴어의 역사를 늘 동성애 중심으로 기술해온 것에 대한 지적이었다. 더 구체적인 내용은 루인, 「수잔 스트라이커: 트랜스젠더 페미니즘, 역사, 그리고 동성애규범성」,《여/성이론》 26호, 2012, pp. 81~103 참고.

했다.[16] 이 연설은 게이 공론장을 축소시키기 위해서 계획된 공/사 경계의 재배치를 통해, [특정하게] 선호되는 대중을 주류로 인정하며 정치적으로 두드러지게 만든다. 또한 이들의 연설은 게이 평등을 '시민권 의제'와 '해방주의'가 아닌, 가정의 사생활 권리 보장 제도, '자유'시장과 애국주의에 대한 접근권으로 재정의한다.

미국 내 게이 권리 운동의 역사를 고려했을 때 이러한 재배치는 심각한 일이다. 1950년대 호모필 운동homophile movement* 의 출현 이후로 게이 평등을 위한 싸움이 동화주의 대 [규범에] 대항하는 전술 간의 내적 갈등으로 흔들렸지만, 변화의 전반적 목표와 방향은 상대적으로 일관됐었다. 사생활을 침해하며 수사하고 낙인찍는 국가권력에 대항하여 성적 사생활 권리를 확장하는 동시에, 제도 형성과 공공성을 통한 게이의 공적 삶을 확장하기가 그것이다.[17]

1950~60년대 동안 갖은 수사가 맞붙는 전쟁터로 진입한 호모필 운동 조직들은 공/사 구분, 국가와의 '적절한' 관계, 시민사회와 경제 및 은밀한 삶에 내재한 '공적' 삶에 관한 심각하게 모순적인 갈등으로 들쑤셔지고 있었다. '보수주의자'는 경제와 시민사회에 대한 민주적

---

* '호모필 운동'은 미국에서 게이 해방 운동의 등장으로 게이, 레즈비언, 바이섹슈얼, 트랜스젠더라는 개념 및 관련 이론들이 나타나기 이전, 동화주의적 관점으로 동성애자를 옹호했던 운동으로 알려져 있다. 호모필 운동이 초기에는 전투적이었으나 이후 온건하게 바뀌었다는 주장도 존재한다. 관련한 논의로는 Elizabeth Armstrong, *Forging Gay Identities: Organizing Sexuality in San Francisco, 1950~1994*(University of Chicago Press, 2002)를 참고하라.

접근을 국가적으로 집행하는 데 반대하면서, 미국의 집단적 삶 대부분을 사사화할 것을 주장했다. 그와 동시에 결혼과 재생산, 섹슈얼리티에 대한 국가 규제를 옹호하면서 말이다. 여기에 대한 대응으로 '자유주의자들'은 정부 제도뿐만 아니라 상업적인 제도에 대한 광범위한 공적 접근도 국가가 보장할 것을 요구했고, 결혼과 재생산과 성적 결정이라는 사생활을 방어했다(1장을 보라). 호모필 조직들은 필연적으로 복잡한 수사적·정치적 전략을 갖고서 이 전쟁에 개입했다. 그러면서 그들은 공적 삶에 대한 완전한 접근권과 국가가 부과한 범죄화 및 낙인으로부터의 자유라고 전략적으로 정의된 사생활 둘 다를 보장받고자 했다.

매터신협회The Mattachine Society, 야누스협회The Janus Society, 빌리티스의 딸들 The Daughters of Bilitis, DOB*을 포함한 호모필 운동 조직과 《하나One》《매터신

---

* '매터신협회'는 1950년 공산당원인 해리 헤이가 로스앤젤레스에서 설립한 최초의 동성애자 조직이다. 동성애자 억압에 대한 두려움 때문에 헤이와 동료들은 공산당 활동 방식을 활용해 매터신협회를 지하 비밀 세포 조직처럼 구성했다. 하지만 대중과의 접점이 사라진 것에 대한 우려 속에서 1952년 이래로 단체 활동가들은 동성애자를 사회에 통합시키는 동화주의적 관점을 채택하고, 이후 헤이를 조직에서 퇴출했다. '야누스협회'는 1962년 만들어져 필라델피아를 기반으로 1969년까지 활동했던 호모필 조직이다. 이 조직은 사회규범에 어긋난 행동과 복장의 성소수자에게 서비스를 제공하는 것을 거부한 드웨이라는 식당에서 농성 투쟁을 한 바 있다. '빌리티스의 딸들'은 1955년 델 마틴, 필리스 라이온 등이 샌프란시스코 기반으로 만든 여성 동성애자 조직이다. 각 조직의 역사와 정치에 대한 더 자세한 논의들은 124쪽 옮긴이 주에서 언급한 암스트롱의 책을 참고하라.

리뷰*Mattachine Review*》《사다리*Ladder*》부터 《북*Drum*》《동성애 시민*The Homosexual Citizen*》까지 이르는 호모필 출판물은 매터신협회의 설립자이자 공산당 원이었던 해리 헤이와 유명 극작가인 로레인 한스베리 같은 급진주 의자, 빌리티스의 딸들의 충실한 활동가였던 델 마틴과 필리스 라이 온 같은 조심스러운 동화주의적 개혁가, 그리고 프랭클린 캐머니와 바버라 기팅스 같은 전투적으로 단일 쟁점을 다루는 활동가에게 플 랫폼이자 포럼으로 기능했다. 내부 분쟁과 시간의 흐름에 따른 중요 한 정치적 전환에도 불구하고, 호모필 활동가들은 서로 동의하는 성 인들이 집에서 맺는 성적인 관계뿐 아니라, 공적·집단적 환경에서 감시와 함정수사로부터의 자유도 포함하는 성적 또는 개인적 사생 활 보호 관념을 꾸준히 확장해왔다. 그럼으로써 그들은 전쟁 이후 미국 사회 갈등에 개입해왔다. 그들은 게이와 레즈비언 구성원에게 서비스를 제공하는 상업적 영역을 확대하는 일과 더불어, 직장, 술 집, 공원과 같은 공적 환경에서 [게이/레즈비언을 색출하려는] 연방정 부 관리, 지역 경찰, 주정부, 주류 관리 당국, FBI의 조사 활동을 공 격하는 일도 했다. 이들의 복잡한 책략은 가정에서 커플의 사생활에 대한 권리를 옹호할 뿐만 아니라, 공적 영역에서 일종의 사생활 권 리, 즉 국가의 규제·감시·괴롭힘으로부터 면제되는 구역을 분명히 정의했다. 이 기획은 상업적이거나 비상업적/예술적인 공적 문화 모두에서 성적 표현의 허용 가능한 범위를 확장하려는 노력과 함께 추진됐다. 또한 기업의 자유와 사적/공적인 도덕적 제약의 전통적 경계를 뒤바꾸는 방식으로 집합적 자율성의 구역을 복잡하게 재배치한다. 호모필 조직들은 '오픈'[벽장에서 나와 자신의 동성애적 실천을 공개하는] 동성애자에게 서비스를 제공하는 상업 시설물에 대한 경찰의 불시 단속을 비판하고, 공원이나 화장실에서 섹스를 하는 남자를 대상으로 하는 함정수사에 반대했다. 또한 '동성애자' 공무원을 낙인 찍고 해고하는 것에 대한 반대를 조직했다. 그리고 그들은 이러한 반대를 위해 새로운 수사적·정치적 수단들을 발명했다.[18]

1970년대에 게이 해방 운동은 공적인 것과 사적인 것의 의미, 그리고 집단적 삶과 개인적 삶에서의 민주주의와 자율성과 관련된 의미를 두고 벌이는 경합의 장이 급속히 변동하는 상황에서 폭발적으로 성장했다. 1969년 스톤월 항쟁*과 뒤이은 새로운 조직 및 수사의 등

---

* '스톤월 항쟁'은 1969년 6월 뉴욕, 그리니치 빌리지의 '스톤월 인'이라는 게이 바를 경찰이 습격한 것에 대한 저항을 말한다. 트랜스젠더, 게이 등 퀴어들이 집단적으로 경찰 무력에 맞서 2박 3일 동안 시위를 지속했다. 스톤월 항쟁은 전투적 게이 해방 운동 집단인 게이 해방 전선(Gay Liberation Front, 당시 미국의 적국인 베트남의 운동 조직인 '베트남 민족 해방 전선'의 이름을 연대의 의미로 빌려왔다)이 조직되는 데 영향을 끼쳤다. 게이 해방 전선 등의 활동가들은 1970년 6월 스톤월 항쟁을 기념하며 뉴욕, 시카고, 로스앤젤레스 등에서 프라이드 행진을 시작했다. 한편 학자들은 스톤월 항쟁이 종종 미국 퀴어의 첫 번째 전투적인 봉기로 알려지면서 신화화되는 것에 대한 비판적 목소리를 내기도 했다. 역사학자 마크 스테인은 스톤월 항쟁 이전에 몇몇 호모필 집단들이 전투적 활동을 해왔다고 말하며, 수전 스트라이커는 스톤월 이전에도 로스앤젤레스와 샌프란시스코에서 항쟁이 있었다고 지적한다. 게이 해방 운동의 기원을 추적하며, 스톤월 항쟁을 권리 중심의 게이운동의 기원으로 신화화하는 것에 대한 비판으로는 Henry Abelove, "How Stonewall Obscures the Real History of Gay Liberation," *The Chronicle of Higher Education*(2015년 6월) (http://www.chronicle.com/article/How-Stonewall-Obscures-the/231099/)을 참고하라.

장 이후, 게이 정치는 페미니즘, 대항문화, 반인종주의적 수사 및 전략과 긴밀히 상호작용하기 시작했다. 정치적 행동주의의 강조점은 자율성으로서 사생활에 관한 논쟁으로부터 벗어나, 공적 가시성과 공공성을 향해 이동했다. 하지만 공적인 것과 사적인 것의 수사적 재결합 작업은 폐기되지 않았다. 괴롭힘을 당하지 않는 집합적 삶을 구축하는 기획은 공적 영역에서의 사생활 권리에 대한 지속적인 재배치와 환영적인 '일반 대중'에 대한 공격으로 간주되는 '사적' 문제를 공론화할 권리를 요구했다.

1980년대에 반동성애 세력은 그들의 전략을 개편했다. 그들은 일관되지는 않더라도 천천히 사생활에 대한 권리에 동의하기 시작했지만, 그 사생활을 '공적인' 감수성을 보호하기 위한 일종의 제한이자 격리선으로 정의했다. 그들은 사적인 것의 공론화와 공적인 것 내에서의 사생활이라는 게이의 수사적 요구를 공격했고, 특히 사적 영역을 어떤 공적인 무대로부터도 완전히 분리된 고립되고 가정적인 장소로 정의하고자 했다. 따라서 '호모 선동 반대No Promo Homo'*를 위한 국민투표와 호모성애 예술에 대한 공적 기금 지원을 공격하는 전략이 만들

---

* '호모 선동 반대'는 공립 학교에서 교사가 게이와 트랜스젠더 쟁점을 긍정적으로 논의하는 것을 금지하는 일련의 법안들을 말한다. 대표적으로는 1978년 제기된 브릭스 발의안(Briggs initiative, 캘리포니아 주민발의안 6호)이 있다. 이 안은 캘리포니아 주 공립학교에서 동성애자나 그들을 지지하는 이들의 채용을 금지하는 법안으로, 이를 어기는 학교에는 주 예산 제공을 제한하는 것을 목표로 했다. 미국 최초의 커밍아웃한 게이 정치인 하비 밀크가 이 안이 가결되지 않도록 맞서 싸웠으며, 주민투표 결과 58.4%의 반대로 부결되었다.

어졌다. 말하자면 '사적'인 영역 내에서 게이 섹스는 괜찮지만, 절대로 공적 영역에서 '전시'되거나 '촉진'되어서는 안 된다는 것이다. 그러는 동안 에이즈 운동은 주로 차별 반대와 비범죄화에 주목하면서, 이제 막 안정화된 게이 권리 운동들을 보충하고 게이 정치의 깊이와 넓이를 키워가고 있었다. 에이즈 유행에 직면해서 조직된 새로운 활동적 에너지는 정체성정치의 한계를 넘어서 사회적·문화적 전환에 대한 전망을 가진 활발하고 새로운 퀴어 정치 전선을 낳았다.[19]

빌 클린턴이 선출된 1992년 대통령 선거에서, 신자유주의 조직과 정치인은 그들 스스로를 '구식' 중세 자유주의자의 '실패한' 정책뿐만 아니라 종교 우파의 도덕적 보수주의자와도 분리하는 작업을 시작했다. 급진적·진보적 에이즈 활동가들과 함께 게이 도덕주의의 새로운 계통 역시 등장했다. 이들은 '성적 문란함'과 '게이 생활양식'을 공격하고, 책임감 있는 질병 예방 전략으로 일부일처제 결혼을 옹호했다.[20] 이런 비옥한 기반에서 독립게이포럼에 참여하는 작가 집단은 그들의 새로운 게이 정치에 대한 말들을 퍼뜨리기 시작했다. 그 정치는 극적으로 축소된 공적 공간과 '책임감 있는' 가정 내 사생활이라는 협소한 영역을 제공한다.

독립게이포럼 웹사이트에 올라와 있는 작가와 기사는 대부분 말만 번지르르할 뿐이다. 그 글들은 일관된 주장이나 분석이 아닌 헐뜯기, 변명, 심각한 비난으로 특징지어진다. 이러한 접근법을 예증하는 가장 잘 알려진 작가 중 한 사람이 브루스 바워이다. 스스로를 엘리트주의자이자 일부일처제를 충실히 따르는 독실한 기독교 신자로 묘사하는 그는 우파 잡지인 《미국 관객_The American Spectator_》의 필자였고, 독립게이포럼의 동료들이 쓴 글을 모은 선집인 『퀴어를 넘어: 게이 좌파 정통론에 도전하기_Beyond Queer: Challenging Gay Left Orthodoxy_』의 편집자이자, 유머라곤 전혀 없는 설교와 에세이와 논평의 긴 목록인 『게이를 위한 자리: 미국 사회의 게이 개인들』의 저자이다. 그는 적나라하게 좌파를 비난하면서 노골적인 기쁨을 느꼈고, 동시에 제3의 길을 택하는 수사적 기술도 습득했다. 그는 "대부분의 게이들"이 좌파의 "퀴어적 생각"과 상반되는 전통적인 닉슨식의 "조용한 다수"라고 주장한다. 그는 자신과 그가 바라는 구성원들의 관점을 "포스트 이데올로기적"이라고 묘사하고, 그들을 스톤월 세대가 다양한 쟁점에서 보여준 진보정치의 "시대착오성"과 대비시킨다.[21] 그나마 짧은 두 편의 장황한 글에서 그는 특히 어바시 바이드를 겨냥한다. 그는 그녀를 "낡은" 수사를 쓰는 "이데올로기적 극단주의자"라고 부르면서, 독립게이포럼에 속한 게이 대중의 새로운 중심의 외부에 위치시킨다. 하지만 그는 단순한 좌파에 대한 비난을 넘어서, 다음과 같이 자신의 대안적 관점을 게이 평등을 위한 사회 변화의 가장 훌륭한 원천이라고 주장하고자 한다.

> 1995년에 베테랑 활동가인 어바시 바이드가 노동자와 자본주의 억압자에 반대하는 다른 피해자 집단과 제휴하는 급진적 게이운동을 요청했을 때조차도, 다수의 기업이 다른 기성 기구(또는 예컨대 전국 레즈비언 게이 대책위원회)보다 더 많은 게이 평등을 가져왔다는 증거가 있다. (…) 더욱이 게이 미국의 희망은 노동계급의 봉기가 아니라 정확히 그 반대에

있다고 생각하는 게 합리적인 거 같다. 말하자면 엘리트 기업 이사회에서의 게이 옹호적 정서가 가게, 농장, 공장에 미칠 낙수효과 같은 것들 말이다.[22]

　　바워는 부끄럼도 없이 평등에 대한 낙수효과를 기업의 관대함으로 보고, 민주주의를 이사회의 거래 대상으로서 디즈니화하는[안전하고 통제된 오락거리로 만드는] 것을 기꺼이 기대한다.

　　하지만 바워의 바이드에 대한 공격은 기본적인 수준의 좌파 비난으로, 텍사스 샌안토니오에 있는 기독교인 권리 세력에 동참한 독립 게이포럼의 작가 롭 블랜처드(현재 사망)와 그의 동료들의 노력에 비교했을 때는 가볍고 하찮은 수준이었다. 그들은 진보적 유색인종 레즈비언이 주도하는 예술 공동체 조직인 에스페란자 평화와 정의 센터The Esperanza Peace and Justice Center(이하 에스페란자)의 명예와 이들에 대한 기금 지원을 공격하기 위해서 기독교 권리 세력을 조직했다. 1997년 블랜처드와 다섯 명의 백인 게이 남성들은 전국 레즈비언 게이 언론인 연합The National Lesbian and Gay Journalists Association, 샌안토니오 평등권리 정치총회The San Antonio Equal Rights Political Caucus, 통나무집 공화당원, 샌안토니오 게이 레즈비언 커뮤니티센터The San Antonio Gay and Lesbian Community Center와 제휴할 것을 주장하면서, 그 도시[샌안토니오]의 시장과 시의회 의원들에게 에스페란자에 대한 시의 기금 지원 거부를 요청하는 편지를 썼다. 그들은 편지에서 다음과 같이 주장했다.

그들은 피해의식에 사로잡혀 있고, 이 도시를 포함한 조직과 개인들로부터 죄책감 어린 돈을 끌어내기 위해 '성차별, 인종차별, 계급차별, 호모포비아'를 수사적이고 정치적인 계략으로 이용하는 정치 조직입니다. 에스페란자는 세금을 얻기 위한 그들의 싸움을 동성애에 대한 국민투표로 만들어왔고, 우리는 이것에 분개합니다. 하지만 에스페란자가 게이 레즈비언 공동체에 끼친 가장 큰 손해는 자신의 잇속을 챙기려는 목적으로 계급, 인종, 젠더의 쟁점을 반복적으로 주입하면서 내부에 불화를 일으켰다는 것입니다.[23]

이 공격은 '불화'가 [여러 쟁점들에 대해] 포괄적인 의제 탓이라고 보며, 부유한 백인 남성을 눈에 띄지 않게 통합의 중심에 놓는다. 즉 그들의 이해관계가 '게이 레즈비언 공동체'[전체]의 이해관계를 문제없이 정의한다. 블랜처드를 비롯한 게이 백인 남성들은 더 나아가 '정치적인' 예술 프로젝트를 위한 공적 기금의 지원을 거부하는 우파 전략에 적극적으로 참여한다. 물론 신자유주의적 옹호는 '계급, 인종, 젠더 쟁점'을 비정치적으로 배제하는 것으로 정의된다.

이러한 공격은 추잡하면서도 흥미로운 사실을 드러내기는 하지만, 독립게이포럼의 새로운 게이 패러다임이 기반하고 있는 정치적 논리를 조명하지는 않는다. 이 집단의 노력을 위한 포괄적인 분석틀을 정교화하는 작업을 하는 이는 하버드에서 정치학 박사를 받은 다작의 에세이 작가이자 진심어린 훈계, 통렬한 공격, 교활한 비난의 수준보다는 조금 더 높은 분석적 열의를 보여주는 《뉴 리퍼블릭*New Republic*》

의 전 편집자 앤드루 설리번이다.

설리번은 더 높은 곳을 목표로 하겠지만, 가장 많이 인용된 그의 책『사실상 정상』에서 그는 일관되고 논리 정연한 분석에 도달하지는 못한다. 그는 그럼에도 불구하고 그가 금지주의와 해방주의라 부르는 '극단'을 공격하는, 그리고 '제3의 길' 양식 내에서 새로운 접근을 제공하기 위해 동시대의 보수적이고 자유주의적인 최고의 주장들을 화합시킬 것을 주장하는 삼각법 분석틀 triangulating framework *을 제시한다. 그럼으로써 성정치에 대한 신자유주의적 논쟁을 위한 조건을 정한다.

설리번이 말하는 금지주의는 동성애를 도덕적으로 비난하고 법적으로 처벌하려는 일종의 사회적 보수주의다. 하지만 그는 이러한 관점을 편협한 불관용과 구분하고 정중하게 다음과 같이 주장한다.

이러한 주장의 가장 설득력 있는 형태는 '본성'에 대한 호소를 통한 여전히 엄청나게 직관적인 이해를 함축하는 전통, 서구 사상의 가장 오래된 전통 중 하나에 뿌리를 둔다. 그것은 어떤 사회나 문화에서도 부정할 수 없게 가치 있고 인류의 속성 대부분을 규정짓는 것처럼 보이는 규범, 즉 이성애적 정체성을 가정하는 것이다. 이성애 정체성이 없으면 문명은 증발할 것이다. 그리고 이 주장은 동성애를 그러한 규범을 기준으로 해서 판단하고자 한다.[24]

---

* 미국 정치에서 '삼각법'은 삼각형의 좌우 사이에 또는 그 위 꼭짓점에 위치한 정치적 관점을 취하는 것, 즉 제3의 길 정치의 한 방식으로 이해할 수 있다.

그는 성 토마스 아퀴나스의 글부터 1975년과 1986년에 공포된 동성애에 대한 교회 교리 성명서까지, 로마 가톨릭교회가 공식적으로 공포한 관점에 대한 확장된 논의를 따른다. 그의 분석이 침례교의 종교적 관점이나 공화당의 정치적 견해 같은 다른 관점이 아니라 가톨릭 교리를 핵심에 두는 것에 대한 설명이나 정당화는 없다. 설리번 자신이 가톨릭 신자라는 점이 이러한 선택의 동기가 된 것 같다. 설리번은 궁극적으로는 금지주의적 관점을 거부하면서도, 게이 반대 담론의한 변종이라고 설명하는 이 관점을 존중할 만한 왜곡된 형태라 본다. 금지주의는 내적으로 일관되지 않다(일관되게 접근하자면 자녀를 낳지 않는 이성애 역시 동성애처럼 비난받고 처벌받아야 한다). 금지주의에서 동성애를 전통적인 이성애 가족의 지배와 특권에 대한 위협으로 간주하는 것은 명백히 잘못되었다. 여기에서 설리번 주장의 핵심은 또한그의 프레임을 이해하는 데 중요하다. 그는 동성애가 작고 고정적인소수 인구집단의 비자발적 조건(본성과 어렸을 때의 양육 둘 다에 의해 형성되는)이라고 주장한다. 자연적 변형에 대한 비유를 통해 그는 다음과 같이 주장한다.

알비노가 우리에게 색의 위대함을 상기시키듯이, 빨간 머리가 다른 친구들의 밋밋함에 대한 놀라운 대조점을 제공하듯이, 천재가 우리에게 거꾸로 적당함을 가르치듯이, 동성애자는 자연스럽게 이성애적 규범을 빛나게 하는 것으로 보인다. 주 테마를 가리는 게 아니라 그와 공명하는 변주로서 말이다.[25]

이 내용을 비롯한 책 전반에서 설리번은 만약 매우 적은 비율의
"흔들리는 사람들"보다 더 많은 사람들이 동성애를 선택할 수 있다면,
아마도 반동성애 정책은 이러한 선택을 방지하기 위해 타당한 것일지
모른다고 암묵적으로 동의한다. [거꾸로 말하면] 그의 관점에서 동성애
는 오직 비자발적이고 따라서 똑같이 비자발적인 이성애적 대다수를
위협할 수 없는 것이기에, 동성애에 대한 공격은 도덕적으로도 법적
으로도 말이 되지 않는다.

설리번은 비슷한 이유로 해방주의를 통렬히 비난한다. 해방주의
자의 주장은 성적 정체성이 동시대적 범주 내에서 시대를 초월해 고
정된 것이라기보다는 사회적으로 구성된다는 것이다. 그는 "현대 역
사가들"이 밝혀냈듯이 "역사 그 자체"가 모든 시대와 장소에 동성애자
가 있었다고 인정하는 과학과 심리학의 주장과 일치한다고 주장한다.
역사가의 압도적 대다수(그는 그들 중 몇몇에 대해서 다른 맥락에서만 이름
을 언급하고 주석을 달았다)가 정확히 반대되는 주장을 한다는 사실은 언
급되지 않는다.[26]

하지만 입증되지 않은 것은 그의 역사적 주장만이 아니다. 해방주
의라고 지칭한 것에 대한 설리번의 설명은 전적으로 횡설수설이며,
결과적으로 금지주의에 대한 설명보다 훨씬 더 우습고 과장된 방식으
로 환원적이다. 그는 조롱과 비난의 목적으로 사실상 현대의 급진 또
는 진보 좌파의 성정치에 대한 모든 정치적이고 지적인 접근들, 분석
적으로나 전략적으로나 서로 충돌하는 그 접근들을 "푸코주의"라고
이름붙인 하나의 큰 그릇에 몰아넣는다. 그는 미켈란젤로 시그노릴이

선호한 위선적인 벽장 게이closeted gay*들에 대한 '아웃팅' 전술, 래리 크레이머의 에이즈 정치에 대한 계획과 선언과 같은 전투적 정체성정치, 퀴어 연합 정치의 반反정체성 견해(이것은 명백히 시그노릴과 크레이머와 같은 협소한 게이 정체성정치의 한계 범위를 거부하는 것이다), 그리고 사회구성주의 역사가와 사회학자부터 특히 주디스 버틀러와 같은 포스트구조주의적 비평가와 철학자의 학문적 글까지를 하나로 묶어 그들 간의 구분을 붕괴시킨다.

이렇게 다양하고 논쟁적인 활동가와 지식인을 잡탕으로 섞은 것이 엄격한 정통적 논의의 단일체로서 제시된다. '아웃팅' 전략은 (비록 푸코주의자는 결코 지지하지 않겠지만) "푸코주의적 저항의 고전적 사례"로 유쾌하게 묘사된다. (유명한 미켈란젤로 시그노릴을 비롯한 아웃팅의 옹호자들은 거의 설리번만큼이나 미셸 푸코를 인용하는 학자들에 대해 적대적이다. 반면 대부분의 푸코 지지자들은 이러한 [아웃팅] 실천에 대해 혹독히 비판한다.) "퀴어"는 "모든 사람에게 그들이 단일하고 특정한 정체성을 가졌다는 것을 말하기 위해 (…) 딱지를 붙이는" 유니폼이자 의무적인 정체성으로 묘사된다. 그러나 사실상 '퀴어'는 매우 자주 정확히 성적 정체성의 통합성에 대해 질문을 던지고, 상대적으로 고정된 정체성 범주(설리번의 '게이' 정체성과 같은)의 명단을 유동성, 반규범성, 정치화된 섹슈얼리티의 개념으로 대체하기 위해서 사용되어왔다.[27] 그리고 최종 요약과 기각으로 설리번은 다음과 같이 주장한다.

---

* '벽장 게이'는 커밍아웃하지 않은 게이를 말한다.

해방주의자는 더 폭넓은 대화를 요구하지 않고, 상호적 대화의 과정이 없고, 타협의 순간이 없으며, 어떠한 개입 행동도 요구하지 않는 권력 기구들에 집중하는 것을 선호한다. 그들이 그 외에 어디로 갈 수 있단 말인가? 따라서 그들은 검열과 위협을 통해서 아웃팅과 연설 코드,* 캠퍼스에서 반대자에 대한 응징 조치, 언어의 새로운 형태의 시행에 초점을 맞춘다.[28]

이 [해방주의자를] '권위주의적'[으로 만드는] 기획은 문화전쟁에서 우파/신자유주의 동맹의 공상적인 적을 잘 묘사하지만, 설리번이 '해방주의자'라는 이름의 우산 아래에 수집하려 했던 정책, 기획, 논쟁의 영역과는 전혀 관계가 없다. 몇몇 캠퍼스 활동가가 연설 코드나 혐오범죄법을 위해 싸우는 특정 자유주의적 조직을 지지했던 반면, 설리번이 이름을 언급하는 필자 대다수는 이러한 구체적인 제안에 반대해왔다. 설리번의 눈엣가시이자 『혐오 발언*Excitable Speech*』을 쓴 주디스 버틀러는 특히 발화나 믿음을 규제하려는 노력에 반대한다.[29] 즉 논리 정연한 분석과 개입은 가톨릭교회에 대한 설리번의 논의에서나 두드러질 뿐, 해방주의자에 대한 그의 논의에서는 이루어지지 않는다. 설리번은 좌파를 설명하는 것이 아니라 과장하고 풍자한다.

설리번은 오늘날에는 자유주의와 보수주의의 구성체의 모습을 하

---

* '연설 코드'는 성폭력적이거나 명예훼손하는 말을 방지하기 위한 규제 등을 만드는 것을 말한다.

고 있는 고전적 자유주의에 관심을 돌린다. 이것들은 그가 진지하게 여기는 정치적 관점이며, 동성애의 새로운 정치를 파생시키기 위해 그는 이것들과 "결혼"하길 바란다. 자유계약에서 가장 근본적으로 표현되는 바처럼, 그는 자유주의를 형식적으로 중립적인 국가에 대한, 그리고 행위, 말, 선택의 근본적인 자유에 대한 서약으로 정의한다. 이 정의에 따르면 현대 자유주의는 위험하게도 경로를 이탈했다. 설리번의 관점에서 이러한 경로 이탈은 특히 미국의 인종정치에 대한 응답으로서 발생했다.

미국 국가의 역사와 진보적 자유주의의 배경 및 유산에 대한 설리번의 설명은 세기 전환기의 여성운동, 노동운동, 뉴딜의 역할 같은 것에 대한 자세한 논의가 없다는 점에서 제대로 발전되지 않고 왜곡된 것이다.[30] 하지만 그의 기획은 역사를 올바로 쓰는 게 아니라 그의 주장을 구축하는 것이다. 그는 '시민권 의제'를 현대 자유주의 정치의 잘못된 길이라 주장한다. 인종 문제와 관련된 역사적 불의가 고전적 자유주의 교리로부터의 일탈에 따른 것이라고 볼 수 있는지에 대해서는 의견이 왔다 갔다 하지만, 그는 궁극적으로 반차별법과 특히 소수자 우대정책과 같은 민권 운동의 유산이 계약에 대한 사적 자유와 국가 중립성이라는 적절한 목표로부터 너무 많이 벗어났다고 비판한다. 그는 만약 동성애 정치가 이 모델을 계속 따른다면, 국가와 법은 "도덕 교육, 심리 치료, 면죄의 혼합체가 되도록 강제될 것이다. 자유주의는 법의 그러한 사용에 반대하기 위해서 발명되었다"라고 주장한다.[31]

하지만 현대 보수주의에 대해 얘기할 때, 설리번은 갑자기 [보수주의적] "가치들"의 공적인 주입에 대해서는 태도를 바꾼다. 동성애에 대한 공적 불승인과 짝을 이루는 사적 관용의 위선적 실천을 제외하면, 그는 그가 "보수적 선$_{goods}$"이라고 부르는 것을 대부분 승인한다. 이러한 판단에 대한 보수적인 공적/사적 [구분에 대한] 협정은 미군의 '묻지 않을 테니 말하지도 말라$_{Don't\ Ask,\ Don't\ Tell}$* 정책 이면의 논리를 포함하여 여전히 많은 국가정책의 기저를 이루지만, 그는 그것이 무너지고 있다고 믿는다. 하지만 이러한 붕괴에 직면하면서도, 그는 평등과 다양성이라는 진보적 가치를 위해서 보수적 가족 가치가 국가 중립성으로 후퇴하지 말아야 한다고 주장한다. 대신에 그는 보수적 선과 고전적 자유주의 국가 중립성을 결합할 수 있는 새로운 공/사 지도 그리기를 제안하는 계획을 주장한다.

설리번의 계획은 간단하다. 그것은 결혼과 군대에 대한 게이의 접근권이라는 두 가지 쟁점에 주된 초점을 맞추고, 조직된 게이를 '전$_{前}$정치적$_{prepolitical}$' 상태로 해체하는 것이다.

설리번에게 군대에서의 게이에 관한 논쟁이 갖는 아름다움은 비록 '묻지 않을 테니 말하지도 말라' 정책이 게이의 포함을 주장하는 세

---

* '묻지 않을 테니 말하지도 말라'는 1994년 클린턴 행정부에서 생긴 정책이다. 미군 내 동성애자에 대한 차별을 금지하지만 동시에 커밍아웃한 동성애자와 바이섹슈얼의 군복무를 금지했다. 즉 군대 내에서 굳이 정체성을 물어서 차별하지 않을 테니, 대신 정체성을 드러내지 말라는 것을 의미한다. 2011년 폐지되었다.

력에게는 일시적인 패배일지라도, "두 세계 모두에게 가장 좋은 것"을 가져다줬다는 것이다. 즉 그것은 자유주의적 원칙의 완전한 폐기 없이도 보수주의자들이 "동성애자든 이성애자든 충성하고 헌신하는 군인의 미덕을 시사하고, 그의 [원문 그대로]* 애국심을 기념하는 것"을 허용한다. 결혼 논쟁은 심지어 더 나은 기회를 제공한다. 설리번은 [결혼을] 새로운 정치의 핵심으로 제시한다.

결혼은 단순한 사적 계약이 아니다. 그것은 사적인 헌신에 대한 사회적이며 공적인 인정이다. 엄밀한 의미에서 그것은 개인적 완전성의 가장 높은 공적 인정이다.[32]

하지만 잠깐 멈춰보자. 결혼의 이러한 역할은 설리번이 진보 자유주의자에게 반대해 경고하는 "도덕 교육, 심리 치료, 면죄"의 위험한 혼합물과 끔찍하게도 많이 닮아 있지 않은가? 자유주의적 원칙에 대한 설리번의 설명에 따르면, 국가는 "개인적 완전성"의 한 가지 판본을 인정하는 업무를 해야만 하는가? 명백하게 그러하다. 동성결혼에 대한 지지를 최근에 효력이 발생한 대안적 정부 정책인 비혼 커플에 대한 동거동반자 관계 조항의 통과와 비교하는 부분에서, 설리번은

---

* '원문 그대로(sic)'라는 단어는 인용문에 오타가 있거나, 인용자의 의도와 상관없이 정치적으로 올바르지 않은 표현을 쓸 때 사용한다. 여기서 저자는 설리번이 여성 군인을 고려하지 않았다는 점을 지적하기 위해 "원문 그대로"라는 표현을 사용했다.

그의 계획의 이점들을 가장 솔직하게 드러낸다.

보수주의자들은 쉬운 관계에 대한 걱정을 하기 시작했다. 확실히 동거
하는 동반자들은 재정적 상호 의존성과 거주 공간의 공유, 그리고 헌신
적으로 서로를 보살핀다는 것을 증명해야 한다. 하지만 그들은 성적인
관계를 갖거나, 심지어 구식의 결혼 방식과 유사한 관계를 맺을 필요도
없다. 원칙적으로 나이 많은 여성과 그녀의 재가 간호사도, 또는 대학의
남학생 사교클럽의 친구 한 쌍도 자격을 얻을 수 있다. 그렇게 되면 동거
동반자 관계 개념은 누가 자격이 있는지에 대한 주관적·사법적 결정과
소송이라는 판도라의 상자를 열 수도 있다. (…)
보수주의자에게 더 중요한 점은 동거동반자 관계 개념이 전통적인 관계
의 특권을 서서히 약화시키고, 우리가 그 관계에 부여한 우선권을 침식
한다는 것이다. (…) 임의적이고 종종 약한 것이긴 하지만, 결혼은 섹스
와 [친밀한] 관계의 격동 속에서 우리가 추구하는 정박지이다. 결혼은 감
정적 안정성과 경제적 안전을 위한 메커니즘을 제공한다. 우리는 그것
을 옹호하며 법을 만든다. 우리가 핵가족 외에 다른 모든 형태의 관계를
폄하하기 때문이 아니라, 결혼을 장려하지 않는 것이 그 대가로 너무 많
은 인간의 덕목을 요구한다는 것을 알기 때문이다.[33]

설리번은 국가가 결혼을 더 존중해야 한다고 주장하지만, 누군가
는 결혼보다 동거동반자 관계가 설리번이 묘사하는 '가치'에 관한 국
가 중립성의 기준에 더 부합한다고 주장할 수도 있다. 동거동반자 관

"묻지 않을 테니 말하지도 말라Don't Ask, Don't Tell"는 1994년 클
린턴 행정부에서 생긴 정책이다. 미군 내 동성애자에 대한 차
별을 금지하지만 동시에 커밍아웃한 동성애자와 바이섹슈얼의
군복무를 금지했으며, 2011년 폐지되었다. 사진은 장교로 군
복무를 하던 2009년 동성애자로 커밍아웃하면서 이 정책에
항의한 한국계 미국인 다니엘 최의 모습. 그는 커밍아웃 이후
군에서 퇴출되었고, 이후 LGBT 인권활동가의 삶을 시작했다.
© thenextfamily.com

계는 확실히 더 민주적이고, 위계와 주관적인 판단에 덜 젖어 있으며, 물질적·상징적 혜택들을 각 가구에 어떻게 할당할 것인가 하는 문제에서 더 평등해 보인다. 설리번이 칭찬하는 계약의 자유에 더 근접한 것임은 말할 필요도 없다. 하지만 설리번은 가장 전통적이고 이상화된 형태의 결혼은 평생 일부일처로 지내는 것이라는 의견을 견지한다. 그가 완전히 전前여성주의prefeminist적인 용어를 사용하면서 말하길, 그는 스스로를 위해서 "내가 상상했던 내 주변의 행복한 이성애의 모범적 이미지"(여기서 중요하게 작동하는 단어는 '상상했던'이다. 그리고 이는 명백히 남편의 관점이다)를 구성하고자 해왔다.[34]

하지만 설리번의 게이 결혼에 대한 지지는 뜨거운 쟁점에 대한 하나의 보수주의적 의견 이상이다. 이는 그의 광범위한 정치적 관점의 핵심이며, 독립게이포럼의 작가 무리 대부분과 상당히 중첩된다. 설리번은 축소된 국가와 위축된 공적 삶을 대신해서, 게이 평등의 수사를 동원할 수 있는 새로운 공/사 구분을 구축하고자 한다. 여기서 공적인 삶은 얼마 되지도 않는 정책 결정 과정에만 한정되어 있고, '자발적' 경제와 시민적 거래에 의해 지배되는 '사적' 삶의 광범위한 영역과 짝을 이룬다. 사실 이러한 경제 활동은 복합기업체에 의해 주도되고, 소수가 통제하며, 누구도 책임지지 않는다. 결혼은 새로운 신자유주의적 세계질서를 위해 게이 정치와 문화를 사사화하는 전략이다. 그는 다음과 같이 설명한다.

물론 궁극적으로 이 정치의 목표들이 어떤 의미로는 전혀 정치적이지 않다는 점에서, 이 정치와 그 주요한 주장들은 적지 않게 역설적이다. 가족은 국가에 우선하고, 군대는 국가와 일치한다. 이성애자들은 그러한 권리를 획득된 것으로 이해하지 않고, 근대의 정치적 논의보다 선행하는 것이라고 이해한다. 하지만 그것은 우리 사회에서 동성애자의 독특한 지위에 대한 무언가를, 즉 우리가 지금 정치 이전의 것을 위해서 정치적이어야 한다는 것을 말해준다. 우리의 싸움은 결국 정치적 승리를 위해서가 아니라 개인적 완전성을 위한 것이다. 우리 중 많은 이가 다시 우리의 가족과 함께하기 위해서 그 가족을 떠나야 했던 것과 똑같은 방식으로, 지금 시민으로서 우리는 궁극적으로 정치로부터 자유롭기 위해서 정치를 포용해야 한다.[35]

여기엔 집단적이고 민주적인 공적 문화, 또는 논쟁을 일으키고 싸움을 걸어오는 퀴어 정치에 대한 지속적인 참여의 전망이 없다. 대신 우리는 일종의 정치적 진정제를 투약받아왔다. 우리는 결혼하고, 군대에 가며, 집에 가서 저녁식사를 요리할 것이다, 영원히.[36]

『사실상 정상』의 출판 이후 몇 년 동안 이러한 관점들은 설리번의 개인 웹사이트에서 더 정교해졌다. 9·11 이후 설리번의 글은 좌파 때리기를 강화했을 뿐만 아니라, 남성주의적 미국 민족주의를 강조해왔다. 그는 9·11의 '영웅들', 예를 들어 납치범이 아메리칸 에어라인 항공기를 탈취하게 놔두지 않고 펜실베이니아로 향하게 만든 승객 중의 한 명인 게이 럭비 선수 마크 빙엄,* 그리고 세계무역센터 건물 근처에서 추락한 소방관을 위해 미사를 집전한 게이 성직자 마이클 저지**

신부와 같은 이들의 용맹한 남성성을 칭찬하는 글을 올렸다. 예를 들어 게이와 레즈비언에 대해 더 많은 승인을 암묵적으로 요청하면서, 설리번은 다음과 같이 썼다.

그리고 아마도 럭비 선수와 다른 멍청한 마초 운동선수들이 국가적 영웅이자 게이였던 마크 빙엄을 기억하고 스포츠에서의 게이 남성과 여성에 대한 태도를 재평가하는 데는 약간의 시간이 필요할 것이다. 아마도 그들은 또한 게이 남성이 약하고, 무능하고, 비겁하다고 보는 편견을 재조정해야 할 것이다. 그것들은 전부 사실이 아니다. 그리고 엄청나게 남성중심적인 남성의 세계에서 놀랍도록 사랑받은 게이 남성인 마이클 신부와 같은 이를 가톨릭교회가 기념할 때, 아마도 그들은 자신이 많은 게이 남성과 여성, 즉 역사에 존재한 어느 누구만큼이나 깊게 교회에 봉사했던 사람들에게 가했던 몸과 마음의 고통과 잔혹함을 스스로 다시 생각해봐야 할 것이다.[37]

---

*   리사 두건은 9·11 당시 납치된 총 네 대의 항공기 가운데 펜실베이니아에 추락한 유나이티드 항공사 93호기와 착각한 듯하다. '마크 빙엄'을 비롯한 몇몇 승객은 납치범에 대항해 비행기를 다시 탈취할 계획을 세웠으며, 결과적으로 원래 목표인 워싱턴 D.C.의 백악관 또는 국회의사당에 충돌하는 걸 막고 펜실베이니아 공터에 떨어지게 만들었다.

**   '마이클 저지' 신부는 2001년 9월 11일 세계무역센터 테러 당시 공식적으로 확인된 첫 번째 희생자이다. 저지 신부는 당시 줄리아니 시장의 요청으로 9·11 테러 직후 먼저 붕괴된 북쪽 타워의 로비에서 희생자를 위한 장례미사를 집전하던 중, 남쪽 타워가 붕괴되면서 날아온 잔해에 의해 사망했다.

이러한 성차별과 '남성적'인 모든 것에 대한 긍정적인 인정은 설리 번의 2001년 6월 7일 뉴욕 공공도서관 강의 '게이 정치의 거세'에서 드러난 노골적인 여성혐오에 의해서도 보충되었다. 거기서 그는 '신좌파 페미니즘'이 게이 남성을 소외시키고 배제하면서 게이 조직과 기관을 접수하고 있다고 비난했다. 이러한 종류의 남성 우월적 정치는 설리번의 신자유주의의 일면이다. 그는 축소된 국가, 민주적 책임으로부터 벗어난 확장된 상업적 '자유들', 배제로 찢긴 시민사회, 그리고 사사화되고 젠더화된 위계적 가족을 옹호한다. 그는 게이들이 감성적이고 남성 중심적인 민족주의를 지지하고 어떤 것에도 도전하지 않는 한, 이러한 신자유주의적 풍경 안에서 존재하도록 허가받을 수 있다고 주장한다.[38]

설리번은 다양한 주류 언론과 게이 신문과 정기간행물에 글을 게재한 신자유주의적 게이 무리 중에서 아마도 독자적으로 가장 영향력 있는 작가일 것이다. 하지만 중도적 민주당과 공화당부터 급진적 우익 자유방임주의까지 뒤섞여 있는 범위 안에서 목소리를 내는 자는 그뿐만이 아니다. 통나무집 공화당원의 분파인 자유교육포럼The Liberty Education Forum 역시 이러한 '새로운' 게이 목소리의 영역들을 추진한다.[39] 자유지상주의자들은 특히나 열변을 토한다. 독립게이포럼 웹사이트는 아마도 그 이름을 극우 자유지상주의적인 독립여성포럼Independent Women's Forum과 그들의 신자유주의적 "평등 페미니즘"의 브랜드로부터 따왔을 것이다.[40] 누군가는 이렇게 정치가 더 자유방임적인 환경에서는 [성적] 친밀한 삶에 대한 국가의 규제 완화가 엄청난 열정으로 주창되리라 상상할지도 모르겠다. 하지만 아니다. 다양한 좌파 분파와 달리, 게이 자유방임주의자들이 결혼에 대한 국가 행정 절차를 반대하는 일은 드물다. 하지만 설리번이 주장하는 방식의 도덕적으로 우월한 척하기와 감상주의적 방임주의 정치 역시 드물다. 더욱 전형적인 자유방임주의적 사고는 카토연구소의 부대표인 데이비드 보아즈의 날카로운 논증이다.

보아즈는 설리번과 마찬가지로 동성결혼이 동거동반자 관계보다 더 좋다고 주장하는데, 왜냐하면 후자는 헌신이라는 결혼의 장점을 약화시키기 때문이다. 하지만 보아즈는 결혼의 경제적 역할과 그것의 '자유'시장과의 관계에 관해 설리번보다 훨씬 더 노골적이다. 그는 결혼과 자유시장은 모두 규율을 부과하는 것이고, 빈곤층에서 부양의 문제를 사사화해야 한다고 주장한다. 「도심 살리기Reviving the Inner City」에서 보아즈는 의기양양한 자유방임주의적 태도로 흑인을 위한 "플랜테이션"으로서 국가 복지 프로그램뿐만 아니라 마약법에도 반대한다. 하지만 그는 궁극적으로는 복지 프로그램이 바람직하지 않은 선택을 내릴 수 있는 가난한 여성에게 자원을 제공하는 것이 특히 문제라고 명확히 한다. 저임금 직종에 의존하는 형태인 시장 규율과 가부장에 의존하는 형태인 가족 규율의 조합은 보아즈의 이상적인 세계를 위한 최고의 환경을 창조하면서 함께 작동한다.

엄혹한 진실은 이것입니다. 복지국가가 어린 여성이 남편 없이 아이를 가질 수 있게, 그리고 직업 없이 살아갈 수 있게 하는 한, 도심은 계속 가난과 범죄와 절망의 표지가 될 겁니다.[41]

설리번과 마찬가지로 여기에서 보아즈는 신자유주의적 관점을 드러내지만 감상적이지는 않다. 보아즈는 가족이 사회적 비용의 사사화를 위해 젠더화된 제도라고 명확하게 주장한다. 가부장이나 저임금 직업 시장에 의존하는 여성은 아이들의 돌봄 비용(그리고 노인과 대가족 돌봄 비용)에 대한 책임을 견뎌야 하며 가사노동을 제공해야 한다. 똑같이 그는 명료하게 국가는 '자유'시장 또는 차별적 시민기구의 편향성과 잔혹 행위에 간섭하는 것을 삼가야 한다고 말한다. 하지만 그는 국가가 가족의 삶을 결혼법을 통해서 규제하는 것을 삼가야 한다고 주장하지는 않는다. 그는 [결혼에 대해] 비판적 수정도 없이 단지 게이들이 포함되어야 한다고 요청한다. 독립게이포럼 웹사이트에 글을 싣는 거의 모든 작가들처럼, 보아즈와 설리번 둘 다 사사화와 개인의 책임을 옹호한다. 그들은 정부의 사회복지 프로그램을 위해 사용된 기업 세금으로부터 (여성의 부불노동으로 복지 부담의 대부분을 흡수하도록 하는) 가족과 시민사회로 비용을 이전하기 위한 수단으로 사사화와 개인의 책임을 주장한다.

이러한 종류의 정치적 관점은 궁극적으로 어바시 바이드나 다른 진보적 활동가들이 지녔을 법한 신념을 대체한다. 즉 '게이운동'이 단일 쟁점에 집중하는 것이나 동화주의적 유형과 전략부터 복합적인 쟁점에 대한 연합주의와 대결적 전술에 이르는 다양한 형태를 포괄하는, 일반적으로 민주주의와 평등의 목적을 가진 거대한 텐트와 같다는 신념을 대체한다. 틀림없이 이러한 [포괄성에 대한] 설명은 1950~60년대 호모필 운동, 1970년대 레즈비언 페미니즘과 게이 해방 운동, 또

1980년대 자유주의적 게이 권리 옹호 운동에 이르는 조직된 게이운동으로 정확히 대표될 것이다. 하지만 1990년대 이래로 독립게이포럼 작가들이 형성한 영향력 있는 새로운 게이 정치는 중도 자유/진보주의부터 급진적 좌파까지 이르는 연속체, 즉 일반적으로 '게이운동'이라는 표현으로 호소됐던 그 운동으로부터 결정적 단절을 나타냈다.

스스로를 [운동의] 새로운 중심으로 구성하는 이 게이 우익은 단일 쟁점을 위한 정치 로비단체가 절대로 아니다. 독립게이포럼의 게이 평등의 수사는 광범위하고 다양한 쟁점의 신자유주의적 정치를 위해 새로이 제공된 눈속임이다. 가정 내의 domesticated* 탈정치화된 사생활에 대한 공적 인정을 옹호하는 한편, 공적인 것 내의 사생활에 대한 주장이나 '게이운동'을 공론화하려는 전략은 거절된다. 국가가 승인한 이성애 우월성과 특권 주변에 배치되어 있는 고정된 소수에 대한 자연화된 변주만이 옹호되면서, [규범에 대한] 성적인 불일치가 증가되는 형태의 민주적 다양성은 거부되었다. 이 새로운 호모규범성은 게이 정치 역사에서의 핵심 용어들을 수사적으로 재코드화하면서 무장한다. 즉 '평등'은 소수의 보수화하는 제도에 대한 협소하고 형식적인 접근이 된다. '자유'는 상업적 삶과 시민사회에서 편협함과 광범위한 불평등이 처벌을 면제받는 구실이 된다. '사생활의 권리'는 가정 내로 속박되고, 민주정치 그 자체가 회피해야 할 것이 된다. 이 모든 것은 최소 국가에 의해 경영되는 기업 문화, 경제적이고 공적인 삶뿐만 아니라

---

* 'domesticate'에는 가정이나 집으로 들여와서 길들인다는 의미가 담겨 있다.

정서적 삶에 대한 신자유주의적 사사화가 성취해낸 기업 문화로 추가
된다.

그 기업 문화의 슬로건은 이런 것이다. "새로운 세계질서에 오신
것을 환영합니다! 곧 당신은 주류의 곁에 설 수 있습니다."

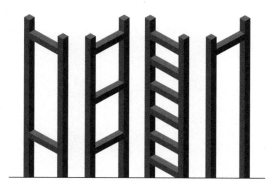

4장

사랑과 돈의 평등한 순환

1990년대 수년 동안 신자유주의 정치와 정책은 아슬아슬한 세계적 지배, 표면상의 무소불위, 세계 자원의 위를 향한 재분배에서의 놀라운 성공을 즐겼다. 그리고 같은 10년 동안 1960~70년대 미국 기반의 사회운동 내의 자유주의적 개혁 분파들은 한때 그들을 성장하게 했던 폭넓은 사회·문화·경제·정치적 비판과 변혁적 관점을 점점 폐기하면서 서서히 우향우했다. 로비하기, 소송 걸기, 기금 모으기가 평등을 위한 행동주의의 주된 방식인 대중 조직과 공적 저항을 대체했다. 심지어 여기서 작동하는 '평등'의 정의가 극적으로 협소해져서, 몇몇 자유주의적 개혁 서클이 신자유주의와 화해할 정도였다.

예를 들자면 1960~70년대에 번성했던 재생산 자유와 여성 건강 운동은 여성의 재생산과 성적인 삶을 억압하는 문화적·물질적 세력에 대한 광범한 비판을 생산했다. 낙태 권리뿐 아니라 [수감자 등에 대한] 강제 불임수술, 법적 전략뿐 아니라 광범위한 기반의 여성 건강 운동, 재생산 자유뿐 아니라 성적 자유에도 초점을 맞춘 지역 조직과 동원체의 확장적 네트워크는 서로 제휴해 재생산 권리 전국 네트워크 Reproductive Rights National Network를 형성했다. 1980~90년대 동안 이 사회운동 영역, 그리고 그들의 가부장적 위계와 인종주의적 의제에 대한 비판뿐만 아니라 의학 기관과 의약품 산업의 이윤 추구 책략에 대한 비판도 공적인 관점으로부터 크게 후퇴했다(그리고 동시에 의료산업은 많은 활동가들의 반발을 샀던 건강 관리 조직Health Maintenance Organizations*과 같은 새로운 기업 형태로 형성되었다). 넓은 기반을 가진 페미니스트 건강 운동은 여전히 있었지만, 협소한 단일 쟁점 로비, 소송 걸기, 그리고 전국 낙태 권리 행동 동맹과 같은 기금 조직들이 등장해서 그들의 행동과 에너지를 로 대 웨이드 재판에 집중시켰다. 전국 낙태 권리 행동 동맹은 인권캠페인(3장을 보라)처럼 다른 사안에 대한 의견과는 상관없이 오직 로 대 웨이드 재판을 옹호하는지만을 기준으로 삼아 정치인에 대한 지지를 표명했다.[1]

하지만 이러한 일반적 경향은 이야기의 전체가 아니라 일부일 뿐이다. 예를 들어 환경운동은 한편에선 협소한 환경적 '보존' 기구를 발전시키면서, 또 한편으로는 급격히 증가하며 정치적으로 활발한 환경 정의 운동을 생산해냈다.[2] 그리고 여성주의적·반인종주의적·민주적으로 접근 가능한 재생산과 성적 자유라는 목표가 '사적' 낙태 권리 운

---

* '건강 관리 조직'은 자발적 가입자들에게 미리 약정된 바에 따라 의료 서비스를 제공하는 공공 또는 민간 조직을 말한다.

동으로 협소화되는 동시에, 인체면역결핍바이러스HIV 감염과 에이즈를 막고 치료하는 운동이 성장했다. 에이즈 운동은 자유주의 대 급진주의 전략, 사법적·정치적 개혁 대 문화 변혁, 지역 대 전국 및 국제적 의제들 등의 모든 갈등과 모순을 드러냈다. 에이즈 관련 조직과 기관은 인종주의, 성차별, 그리고 북미 중심적 오만함을 드러냈으며 지금도 마찬가지다. 하지만 여성 건강을 위한 초기의 지역적·전국적·국제적 운동의 일부를 계승하면서 전 세계적으로 번성했던 민주주의와 평등에 대한 급진적 비평과 광범위한 비전 속에서, 에이즈 운동은 확장적 사회운동이 되었고 또 유지되고 있다.[3]

이러한 진보적 생각과 활동의 형태들은 대부분 전국적 정치와 미디어의 관심 밖에서 생존했고, 심지어 몇몇은 1980~90년대 동안 번성하기까지 했다. 1990년대 후반에 신자유주의가 그것의 자명한 실패 때문이 아니라 신자유주의 정책에 대한 전 세계적인 반대의 효과로 주춤하기 시작했을 때, 진보 좌파 조직화의 새로운 기회와 위험이 새 천년의 정치적 지평에 등장하기 시작했다. 전 세계(특히 라틴아메리카)에서 신자유주의 정책을 둘러싸고 증가하는 대중적 반대에 고무되어, 미국 기반 활동가들은 1999년 가을 워싱턴 주 시애틀에서 열린 전 지구적 금융 엘리트들의 만남에 대한 놀라운 대중적인 분노를 조직했다. 깜짝 놀란 많은 전문가들이 의견을 내놓았듯이, 이 대중적 결집은 새로운 사회운동의 탄생이 아니었다. 오히려 광범위하게 분기하고 분산된 진보적 힘들이 함께 거리로 나온 공적 커밍아웃이었다. 이러한 대중 결집의 탈중심화된 속성은 종종 비조직화[조직적 운동의 실패]의 신호로 애통하게 여겨졌지만, 어떤 기회를 알리는 것이기도 했다. 국제적 관점과 연결망을 지닌 급진적으로 민주적인 좌파가 출현할 기회 말이다. 그것은 진보적 생각과 행동을 서로 융성하게 하는 장과, 이전 20년 동안의 단절과 파편화를 재생산하기보다 극복하는 맥락을 한 번 더 제공할지도 모른다.[4]

1990년대 후반 동안 전 지구적 반대 운동은 신자유주의의 책략을 노출시키고 표면적으로 중립적인 경영의 원칙들 기저에 깔린 노골적인 권력관계와 문화적 프로젝트를 드러내왔지만, 정치적 풍경은 2001년 9월 11일 갑작스럽고 급격하게 변화했다. 세계가 뉴욕 시내의 잔해 속에서 수천 명이 목숨을 잃은 것을 슬퍼하는 순간에도, 미국을 향한 아랍인들의 분개의 근본적인 원인에 대한 추측과 비판적 분석이 널리 퍼지기 시작했다. 이 분석들은 기업권력, 국제적 재정기관, 그리고 세계 여러 분야의 미국 지배에 대한 비판적 분석과 연결되었다.[5]

이러한 대화들이 9·11 이후 몇 개월 간 확대되었을 때, 자비심과 궁극적으로 모두의 이익을 위한 전 지구적 선행이라는 겉치레는 평화적 '세계화'를 열망하는 미국 기반 기업들로부터 폭발하듯 떨어져나갔다. '왜 그들은 우리를 싫어하는가?'라는 질문이 당황한 전문가 사이에서 떠돌았을 때, 세계무역기구로 대표되는 세계적 재정 압력 기구, 이들의 지배의 근간이 되는 펜타곤[미국 국방부]과 백악관으로 대표되는 정치권력과 군사력에 대한 분노가 어느 정도인지 명백하게 드러났다. 정부의 언론 홍보 대응팀과 기업 미디어 복합체가 이슬람 근본주의자의 테러 위협에 초점을 맞춤에 따라 정부 감시는 확대되었으며,

9·11의 의미를 '비애국적'으로 보는 다른 분석들에 대한 불신임 작업으로서 반대 의견에 대한 강제 추방이 이루어졌다.[6]

부시 행정부는 발언·출판·여행·결사의 자유를 축소하는 소위 반테러 조치에 대한 동의를 만들어내는 데 크게 성공하는 것처럼 보였다. 미국 기업과 국가권력에 반대하는 전투에서 두 가지 추가 전선 역시 만들어졌다. 1990년대 주식시장 거품은 붕괴했고, 기업 스캔들로 인해 상상할 수 없을 정도의 탐욕, 널리 퍼진 사기, 백악관과 긴밀한 이들이 포함된 강력한 기업 최고위층의 대대적인 부패가 폭로되었다. 그런 다음 깨진 기업의 약속과 계속되는 광범한 경제 불의에 대한 대중의 적개심이 위협적인 속도로 자라나자, 부시와 기업들은 이라크전쟁의 열정을 부추기기 시작했다. 그 의제에 대한 유럽에서의 저항은 광범위한 '반미주의'를 드러냈다. 따라서 '그들은 왜 우리를 증오하는가?'라는 질문이 이슬람 광신도뿐만 아니라 많은 유럽인을 비롯한 세계의 다른 사람들에 대해서도 제기되어야 한다는 점이 갑자기 명백해졌다.

전 세계적인 신자유주의 정책 아래 경제적 재앙의 현실과 사회적 지원의 붕괴, 위협 및 폭력의 경험은 오늘날 부인할 수 없게도 세계를 점점 더 위험하고 비극적인 장소로 만들었다. 하지만 이 현실과 경험은 또한 신자유주의가 그 아바타들이 홍보하는 '자유시장'과 '자유'무역을 통한 세계평화, 번영, 민주주의의 프로그램이라기보다, 힘과 억압에 기반한 신제국주의의 계략임을 폭로한다. 혹은 만약 위험과 비극에 직면한 전 세계 진보 좌파 세력이 연결되고, 사유와 정보를 순환시키고, 신자유주의를 반대하는 기반을 확대하여 대안적 전망을 길러낼 기회를 잡을 수 있다면, 오히려 그들은 신자유주의의 강압과 불평등을 드러낼지도 모른다.

21세기의 기회를 잡기 위해서 진보적 사회운동에게는 신자유주의 작동에 대한 더 심오하고 광범위한 분석이 필요하다. 신자유주의는 구체적이고 특정한 제도들 안에서 만들어지므로 단일한 '시스템'이 아니다. 그것은 현대 국제 자본주의의 일상적 삶을 재형성하기 위한 의제를 갖고 있는 복잡하고 모순적인 문화적·정치적 프로젝트이다. 그렇기 때문에 신자유주의의 최근 역사 및 너무도 바라는 미래의 소멸에 대한 분석은 다양하고, 우연적이며, 역사적 변화에 맞춰 유연하게 조정되고, 계속되는 논쟁과 개정에 열려 있는 것이 틀림없다. 신자유주의 정치는 차이와 위계의 복합적 경계를 타고 공존하고 갈등하며 유동하는 권력관계에 **따라서** 이해되어야 한다. 신자유주의에 대한 발전적 분석들은 어떻게 그 많은 지역 연합, 문화 프로젝트, 민족주의 의제, 경제정책이 불균등하고 종종 예측 불가능하게 갈등과 모순으로 가득 차서 세계 자원의 위를 향한 재분배를 위해 함께 작동했는지를 반드시 질문해야 한다. 이러한 자원은 돈·안전·건강보험·이동성, 지식·커뮤니케이션 기술에 대한 접근권, 여가·오락·유흥, 출산할 것인가 말 것인가 성적 표현을 할 것인가 말 것인가 일을 할 것인가 말 것인가에 대한 자유, 그리고 정치적 권력, 즉 민주적인 공적 삶에 대한 참여적 접근…… 요컨대 모든 종류의 자원을 의미한다.

이러한 종류의 분석과 향후 기대되는 신자유주의 몰락의 여파에 따른 자원의 아래를 향한 분배를 꾀하는 사회운동의 성장에 주된 장애물은, 진보 좌파 내의 소위 정체성정치·문화정치와 계속 모양을 바꾸는 좌파 보편주의·경제주의·포퓰리즘의 동시대적 형태 사이의 분열이다. 미국에서 신자유주의의 포섭으로 우향우하는 정체성 기반 정치 구성체들을 진보 좌파가 점점 더 격렬하게 폄하하고 기각하면서 형성되는 특정한 동학은 스스로를 패배로 이끌어가는 정치적 분파주의의 반反생산적인 악순환이다. 진지한 좌파 분석과 조직화에서 정체성정치와 문화정치가 무책임하고 사소하며 분리주의적인 '타자'로서 재현되면 될수록, 평등을 추구하는 더 많은 구성원은 좌파로부터 더 많이 소외되고 자유주의적 개혁을 통한 시정을 주장하도록 내맡겨질 것이다. 이러한 잠재적 구성원에 대한 소외는 좌파 구성원의 수를 줄이는 것뿐만 아니라 좌파의 생기와 창조성을 유출시키는 것이다. 그리고 정체성 기반 정치 형태에서 발견되는 분석적·조직적 에너지가 없다면, 진보 좌파는 자신이 저지하여 역전하고자 하는 세력, 즉 다양한 전선에서 반민주적인 불평등을 증가시키는 세력을 효과적으로 포착할 가망이 없다.

이런 묵살과 분파주의의 문제는 다양한 형태, 즉 지역·국가·세계적 활동과 정치적 분석 및 학문에서 나타난다. 예를 들면 1990년대 후반 동안 노동하는 가족 당The Working Families Party(이하 WFP)은 두 주요 정당[공화당과 민주당]에 대안을 제공하고자 뉴욕 주에서 설립되었다. 미국 정치의 강력한 포퓰리즘적 전통을 활용하면서, WFP는 10년 동안 부의 기반을 잃고 있었던 노동하는 뉴욕 시민의 경제적 이익에 호소하고자 했다. [대중정치에] 포함되고자 하는 그릇된 노력 속에서 WFP는 재생산 자유를 포함한 여성주의적 목표에 대한 지원을 경시했고, 인종정치에 대한 관심에 침묵했으며, 레즈비언·게이·바이섹슈얼·트랜스젠더 뉴욕 시민을 지지하는 공적 언급을 피했다. 비록 그렇게 함으로써 몇몇 호모포비아적 인종주의자 백인 가부장의 지지를 가까스로 유지했을지는 모르지만, [인종적 성적 타자를] 종속적인 위치에만 두는 그들의 입장 때문에 WFP는 민주당 및 민주당이 제공하는 뜨뜻미지근한 지원을 떠날 여력이 없다고 본 많은 유권자의 관심 및 잠재적 에너지를 잃었다.[7]

이러한 분리는 2000년 대통령 선거에서 소비자 보호 운동가이자 기업 비평가인 랠프 네이더 녹색당 후보가 앨 고어 캠페인이 자유주의적·진보적 표를 붙잡는 것을 일시적으로 위협했을 때 전국적 차원에서 작동했다. 네이더에 대한 지지가 오르자, 고어 캠페인은 글로리아 스타이넘, 제시 잭슨, 바니 프랭크를 포함한 정체성 기반 정치의 대표자를 기용해 민주당 선거 유세를 하고, 여성주의·반인종주의·레즈비언·게이 쟁점에 대한 네이더와 녹색당의 기록들을 공격했다. 고어의 신자유주의적 의제에도 불구하고, 그리고 공적 삶에서 정체성 기반의 배제를 일소하는 것에 대한 민주당의 지원이 피상적이고 믿을 만하지 못했는데도 불구하고, 이 전략은 대개 효과적이었다. 네이더 캠페인의 인종·젠더·섹슈얼리티에 따른 평등과 포함에 대한 지지 표명은 일반적으로 고어 캠페인보다 강력했지만, 그들은 이러한 사회적 위계와 그 정치경제적 관계에 대한 어떤 분석도 제공하지 않았다. 따라서 구체적 '정체성' 쟁점들은 단순한 '차별'의 문제로 정의되었고, 단연 부차적이고 심지어 후보에 의해서 버려질 수 있는 것으로 간주되었다.

네이더는 ABC 방송의 프로그램 〈이번 주This Week〉에서 널리 알려진 실수를 범한다. 그는 [여성의 낙태 권리를 인정하는] 로 대 웨이드 판결이 대법원에 의해 번복된다는 것은 사실상 있을 수 없는 일이라고 말하면서, 설사 그렇다 하더라도 완전히 지는 것은 아니라고 주장한다. [낙태와 관련된] 사법적이고 정치적인 싸움이 각 주의 문제로 되돌아가기 때문이다. 부시 대통령과 고어 행정부 사이의 주된 차이를 최소화하기 위한 (그럼으로써 녹색당에 투표하는 '대가 비용'을 최소화하기 위한) 이 노력은 로 대 웨이드 판결을 상실하는 것이 국가적 재앙이 되지 않을 것이라는 암시이기도 했다.* 따라서 네이더는 여성 쟁점에 대해 무관심하다는 고어 캠페인의 비난을 확인시키는 것처럼 보였다. 그리고 그가 레즈비언과 게이 쟁점을 '생식 정치gonadal politics'라고 언급한 것이 인용되었을 때, 이러한 사소하게 만들기와 묵살하기 또한 광범위하게 알려졌다(완전하게 확인된 것은 아니지만 말이다).[8]

---

* 2000년 대선에서 전국 낙태 권리 행동 동맹은 네이더에 대한 지지를 재고하라는 광고를 낸다. 즉 네이더에 대한 지지는 고어의 표를 깎아먹어 결과적으로 부시 2세가 당선되게 하여, 대법관 의견이 5:4로 유지되고 있는 로 대 웨이드 판결을 번복할 대법관을 부시가 지명할 수도 있다는 것이다. 네이더는 〈이번 주〉의 사회자가 이 광고를 보여주고 난 뒤에 이와 같은 발언을 했으며, 낙태 문제를 여성 개인의 선택권 문제로 보고 낙태에 대한 국가적 지원을 상대적으로 고려하지 않는다는 점에서 페미니스트들의 분노를 샀다.

선거 캠페인에 대한 정치 공격을 넘어서, 고어 캠프와 네이더 캠프의 분리는 소위 정체성정치와 경제정의 캠페인 사이의 분리를 반영하고 재생산하면서 더 광범위한 반향을 일으켰다. 근본적으로 문제가 되는 지점은 네이더의 회고록『정당 부수기: 투항의 시대에 기업적 정부 떠맡기*Crashing the Party: Taking on the Corporate Government in an Age of Surrender*』에서 다음과 같이 표현되었다.

진보적 대통령 후보가 된다는 것은 정체성정치 후보가 된다는 것 이상의 일이다. 그것은 우리의 정치경제에서의 권력 남용의 뿌리에 다가간다는 것을 의미한다. 내가 만약 정체성정치 신봉자들에게 말할 때 단 하나의 실수를 했다면, 그것은 1950년대 중반으로 회귀하는 인종·젠더 차별에 반대한 내 과거의 글과 개입에 대한 자세한 기록을 내놓지 않았다는 것이다.[9]

그럼에도 불구하고 네이더가 한 가지 이상의 실수를 했다는 것은 명백하다. '진보'정치를 정체성정치 '이상'의 것이라고 언급하고, 전자는 정치경제 권력 남용의 '뿌리'로 가는 것인 반면에 후자는 그렇지 않다고 주장하면서, 네이더는 그의 수사에서 심각함과 중대함에 대한 분파와 위계를 생산했다. 네이더는 '정치경제'를 인종주의, 젠더, 성적 위계를 통해 작동하는 것으로 이해하기보다는, 마치 정치경제가 그것들로부터 추상화될 수 있는 것처럼 설명했다. 네이더 캠페인의 '정체성' 쟁점을 '……보다 덜한 것'으로 다루는 태도는, 정체성정치 구성체

정체성 기반 정치 형태에서 발견되는 분석적·조직적 에너지
가 없다면, 진보 좌파에게는 자신이 저지하여 역전하고자 하
는 세력, 즉 다양한 전선에서 반민주적인 불평등을 증가시키
는 세력을 효과적으로 포착할 가망성이 없다. 사진은 2016년
더블린 퍼레이드에서 '레인보우 자본주의(핑크 자본주의)'를
반대하는 행렬.
© Wikipedia

들이 정치경제학의 오용에 개입하는 범위 내에 다양하게 존재하는 정치적 풍경만을 말하고 있는 것이 아니다. 그 캠페인의 수사는 또한 유감스럽게도 바로 그 분리를 생산하고 있다. 갈팡질팡하지만 조심스럽게 부유하는 구성원들이 신자유주의적인 민주당의 당원으로 들어가도록 자극함으로써 말이다.

미국 선거정치 영역 밖의 신자유주의 정책에 대항하는 대중 결집의 전 세계적 영역에서, 많은 활동가와 작가와 조직자들은 '정체성' 쟁점을 경시하고 사소하게 여기거나 그들 활동의 중심에서 제거한다. 예를 들어 시애틀 시위에서 지배적인 백인성은 미국 [운동] 조직자의 정치적 기반과 전략의 사회적 위치와 가정에 대한 질문을 제기했다.[10] 나오미 클라인의 베스트셀러이자 기업 지배에 대한 예리하고 고무적인 비평을 담은 『슈퍼 브랜드의 불편한 진실_No Logo_』은 좌파의 그러한 의도치 않은 배제의 작동과 본성을 명료하게 드러낸다. 클라인은 '정체성정치'의 특징을 재현의 피상적 정치, '다양성' 또는 틈새시장으로서 기업 미디어에 쉽게 순응하는 것이라고 설명한다. 하지만 클라인은 이러한 특징에 대한 근거로서 오직 자신의 젊은 시절, 특히 1980년대 대학에서의 학생운동만을 언급한다. 이는 정체성정치의 역사적 범위와 사회적 기반에 대한 심각한 축소다. 이러한 축소된 단편을 사용하면서, 그녀는 진지하고 성숙한 진보정치에 대한 어떤 '타자'들을 구성한다. 그녀가 주변적인 것 또는 과거의 것으로 할당하는 이 정치들의 일반적 목표에 대해서 지지를 표하면서도 말이다. 그녀가 다음과 같이 말할 때를 보라.

디네시 드수자와 그 동료들은 정치적 올바름을 추구하는 이들을 '네오마르크스주의자'라고 부르지 않고는 못 견디겠다는 식이었지만, 이는 진실과는 거리가 멀다. 대명사를 몇 개 바꾸고,* 여성을 비롯해 소수자 몇 사람을 이사회에 들여보내거나 텔레비전에 출연시킨다고 해서 월가의 이윤창출 원리에 위협이 되지는 않았다.[11]

클라인은 사회주의 페미니스트, 유색인종 여성 조직자, 게이 좌파와 액트업ACT-UP** 활동가, 재생산 자유 투사와 흑인 급진주의자의 노력을 그녀의 대학 시절 친구들이 대학 평의회 임원으로서 "여성과 소수자"를 등용시키기 위해서 했던 노력과 등치시킴으로써 축소시키고 있는 것 아닌가?

핵심은 (특권층 청년들의 1980년대 이후 평등운동 중에서도 가장 협소하고 분열되어 있는 형태로부터 나온 국한된 예들에 뿌리를 내리고 있는) 정체성 정치에 대한 이러한 환원적인 설명으로, 진지하고 성숙하며 진정으로 급진적인 작가들의 현재의 진보적 행동주의를 재현하고 있다는 점이다. 하지만 그녀는 또한 최근 자신의 반기업 행동주의가 급속히 기업 광고와 마케팅 캠페인으로 흡수되어왔다고도 언급한다. 그녀가 만들

---

* 남성을 인간의 기본으로 상정하며 '그(he)'라는 대명사를 쓴 것을 '그녀(she)'로 바꾸거나, 특정 젠더만을 가리키는 '그녀(she)'나 '그(he)' 대신에 '그들(they)'을 쓰는 식의 실천을 가리키는 듯하다.

** '액트업'은 '권력을 분출하는 에이즈 동맹(AIDS Coalition to Unleash Power)'의 약자로서, 1980년대 말에서 1990년대 초에 활발하던 에이즈 운동이다. 계급 문제 등에 대한 고민과 함께 급진적 행동주의의 쇄신을 촉발하였다. 퀴어운동 그 자체라고 평가받았으며, 1990년대 이후 퀴어운동에도 영향을 주었다.

어낸 대조는 남의 기준을 개의치 않는 그녀만의 정밀 검사 아래에서도 견지될 수가 없다. 정체성정치 대 진보정치라는 이 선명한 양자택일의 프레임은 왜곡된 것이고 비생산적이다.

엄청나게 잘 팔리는 또 다른 신자유주의적 시장 유토피아주의에 대한 고소장인 토머스 프랭크의 『신 아래 하나의 시장: 극단적 자본주의, 시장 포퓰리즘, 그리고 경제 민주주의의 종말*One Market Under God: Extreme Capitalism, Market Populism, and the End of Economic Democracy*』은 나오미 클라인이 정체성정치를 기각하기 위해 발견한 것과 비슷한 기반에서 학계 '문화연구'의 토대를 비난한다. 기업적 문화산업 시장의 포퓰리스트들은 대중문화를 찬양하고, 문화연구 학자가 설명해온 수용자의 저항적 행위성과 공명해왔으며, 비슷한 개념을 수익성 있게 사용할 수 있는 길을 찾아냈다. 이것은 매우 교묘한 술책이다. 왜냐하면 모든 중요한 것을 기업의 영역으로 돌리기 때문이다. [프랭크의] 논리는 이러하다. 만약 기업이 어떤 아이디어에서 수익성 있는 용도를 찾아낼 수 있다면, 그것은 나쁜 아이디어이다. 하지만 그 자체로 국제 미디어 연합체인 베텔스만 AG의 지부(전혀 공적 이익 조직이 아닌)이기도 한 랜덤하우스 출판 계열의 앵커 북스 출판사가 프랭크의 생각을 갖고 수익을 내고 있다.[12]

좌파 일부에서 '정체성정치'만큼이나 자동적으로 사소하게 여겨지는 명칭이 된 '문화연구'의 경우를 보자. 문화연구가 정치경제학에 대한 세심한 관심을 갖고 있고, 대학 밖의 정치 조직에 개입하며, 그 영역에서 지속적으로 반기업 의제들에 개입하고 있다는 것을 프랭크

(그리고 많은 다른 비평가들)는 자기만족 어린 웃음을 지으며 무시한다. 문화연구에 대한 이러한 기각은 참여적인 정치적 대화를 구성하지 못하고, 진보적인 지적 활동가 집단을 경멸적으로 추방한다. 이것을 '진지한' 정치적 조직을 위한 생산적 움직임으로 이해하기는 어렵다.

정체성정치 대 진보/계급정치의 분리는 활동가와 언론인에게만 국한된 것이 아니라, 최근 좌파정치의 역사, 이론, 학계의 특징이기도 하다. 소위 정체성정치에 대한 좌파의 비판에서 가장 광범위하게 인용되는 책 중 하나가 미디어 학자이자 전직 신좌파 활동가인 토드 기틀린의 1995년 문제작 『공통된 꿈의 황혼*The Twilight of Common Dream*』이다. 이 책은 좌파의 쇠퇴와 몰락의 명료한 연대기와 악당에 대한 이야기를 함께 들려준다. 여기서 악당이란 무력하고 엉뚱한 방향을 향한 분노, 반동적 분리주의와 정치를 사소하게 만드는 것의 기괴한 결합체……즉 "정체성정치!"이다. 기틀린은 1975년경에 보편주의적 희망을 가진 신좌파가 분리주의적인 분노의 신좌파로 대체되었고, 광범위하게 개입하는 효과적인 좌파의 가능성은 상실되었다고 주장한다. 그는 신좌파의 '보편주의'가 제한적이었고, 정체성 기반 구성체로부터 나온 불만들이 정당했으며 심지어 이로웠다고 인정한다. 하지만 그는 전국적인 정치적 삶에서 진보의 유효성이 감소한 원인을 정치경제적 변화나 보수주의, 신자유주의의 공격, 또는 좌파의 다양한 정치적 스펙트럼에 걸쳐 드러난 일련의 결함, 실패, 기회 상실, 약점이 아니라, 정체성정치의 파괴적 영향에 돌린다.[13]

어떠한 사회운동이나 정치적 집단의 멍청한 정치적 속임수의 목록을 모으는 것은 상대적으로 쉬운 일이다. 그리고 정체성정치를 비난하기 위해 그러한 목록을 모았던 기틀린의 노력은 보수적 도덕주의자와 문화전쟁의 전사들이 이전에 했던 노력을 반영하고 반복하는 것이었다. 마찬가지로 어떤 이들은 재빠르게 '보편주의' 신좌파에 대해 비슷하게 인상적인 목록을 만들 수 있을 것이다. 하지만 뭐하러 그러겠는가? 기틀린의 목록은 [정체성정치의] 추악한 멍청함을 폭로하기 때문이 아니라, '정체성정치'에 대한 그의 전반적 정의와 그것의 잘못된 전환에 대한 평가 때문에 흥미롭다.

앤드루 설리번처럼 기틀린은 한곳에 고정시켜 정의하기 어려운 [서로 다른] 것들을 하나의 기괴한 정치적 '타자'로 구성한다. 그가 설명하는 '그들'은 서로 매우 다르고 종종 반목하는 정치적 집단들을 지칭하기 때문에 계속 변화한다. 그는 종종 한 집단에서 발견한 결함을 다른 집단에 부여하는 완전한 오류를 범한다. 그는 푸코주의 학자와, '차이'의 페미니스트와 구분되지 않는 포스트구조주의자일지도 모르는 (하지만 우린 확신할 수 없다!) 문화주의 페미니스트를 한데 묶는다. 문화연구와 문화정치가 정치적 종족주의로 합병되거나, '전통'에 대한 경외로서 통합되는가? '그들'이 사회문제를 다루기 위해 반포르노그래피 캠페인 착수와 연설 코드에 대한 지지 등의 법적 규제에 주로 의존하면서 인간주의의 죽음을 선언했다고 기틀린이 썼을 때, 그는 바위가 들어 있는 바구니에 사과와 오렌지라는 전혀 다른 것들을 섞어 담아놓은 것이다. 좌파를 망쳤다는 '그들'은 기틀린이 반대하는 모든 정치적 형태를 가리킨다. 그들의 정치적 형태들 사이에 서로 얼마나 거리가 있는지는 상관없다. 그리고 '정체성정치'는 '문화정치' 또는 포스트-인간주의 이론으로 교환될 수도 있고, 모든 자유주의 개혁주의자 또는 진보 좌파의 보편주의나 인간주의에 대한 어떤 비판에도 적용할 수 있는 떠다니는 기표가 되어버린다.

비슷한 방식으로 실용주의 철학자인 리처드 로티의 1997년 책 『미국 만들기Achieving Our Country』는 좌파의 쇠퇴와 붕괴를 '개혁주의 좌파'와 '신좌파'의 타락한 형태인 '문화 좌파'의 탓으로 돌린다. 로티는 마르크스주의자의 지나친 완고함도 비난하지만, '진짜' 정치로부터 후퇴한 주된 책임을 일군의 학자, 특히 푸코주의자에게 물었다. 푸코주의자는 일련의 짝패들, 즉 정치경제 대 철학(정치에는 쓸모없는), 돈 대 낙인(덜 중요한), 행위성agency 대 관객성spectatorship(명백히 나쁜), 이기주의에 대한 비판 대 사디즘에 대한 비판(다시, 그다지 중요하지 않은) 중에서 [후자의] 잘못된 용어에 집중해왔기 때문이다. 로티는 대부분의 경우에는 이러한 용어 사이에 가교를 놓고 연결하자고 주장한다(그러나 그는 철학에 관해 별로 말하지 않는다). 하지만 그는 이 용어들을 대안적 강조점으로서 구분하여 위계 안에 배열시키고서는, 개혁주의 좌파를 그 위계 중 높은 수준의 집단으로, 문화 좌파를 낮은 수준의 집단으로 놓고서 둘을 대립시킨다.

로티가 이 책에서 "나는 10대 때 냉전 자유주의자Cold War liberal*였

---

* '냉전 자유주의자'는 제2차 세계대전 이후 미국에서 노동조합의 성장, 민권 운동, 가난에 대한 전쟁 등을 지지한 자유주의 정치인과 노동조합 지도자들을 가리킨다.

다"라고 고백할 때, 독자는 그의 정치적 제휴의 참조점을 이해하기 시작한다. 하지만 기틀린처럼 그의 관점은 사회학적, 민속지학적, 역사적이기보다는 나르시시즘적이다. 그는 매일 자기 주변의 학자에 대한 자신의 비판적 눈을 훈련하고, 문화연구 교수부터 여성학이나 민족연구 프로그램, 푸코주의 철학자나 라캉주의 영화 비평가에 이르는 잡다한 집단의 이론적 움직임과 정치적 위치가 갖고 있는 오류를 찾아내고 있다. 그들의 공통점은 로티와 정치적 관점에서 차이가 있다는 것뿐만 아니라, 로티 주변의 학자이면서 진보 좌파적 헌신을 보인다는 점에 있다.[14]

하지만 나머지 진보 좌파는 어디 있는가? 또는 로티의 용어를 쓰자면, 무엇이 문화 좌파라고 부를 만한 것인가? 오…… 예를 들자면, 힙합그룹, 여성을 위한 음악 축제 조직자, 게이와 레즈비언 반폭력 프로젝트, 펑크 아나키스트, 라틴계 작가, 아시아계 미국인 영화 제작자, 미국 원주민 환경주의자 등등 말이다. 만약 그가 그러한 구성체를 위치 짓고 분석하는 일에 진지하게 임했다면, 자유주의에서 좌파에 이르는 정치의 스펙트럼(또 종종 그런 용어로 분류할 수 없는 정치), 그리고 국가, 정치경제학(최근에 내가 듣기로 문화산업은 부의 생산과 자원 배분으로부터 분리 가능한 어떤 '다른' 문화 공간을 구성하는 것이 아니라, 정치경제학의 일부이다), 시민사회, 가족 형태가 맞물리는 영역에 개입하는 다각적인 양식이 자신을 뒤덮고 있음을 즉시 깨달았을 것이다. 예를 들어 로티는 앨리사 솔로몬의 활동가 저널리즘을 어떻게 분류할 수 있을 것인가? (2장과 앞서 WFP에 대한 참조에서 인용되었듯이 말이다.) 솔로몬은 돈과 낙인, 이기주의와 사디즘에 대해서 쓴다. 신자유주의 문화전쟁 속에서 그것들이 분리 불가능하게 얽혀 있기 때문이다. 국가, 경제, 시민, 그리고 친밀한 삶을 신비화하는 부적절한 자유주의적 범주 간의 환원 불가능한 상관관계에 대한 솔로몬의 정치적·문화적 글쓰기는 로티의 세계관에서는 단순히 분류 불가능한 것이다.

결국에 기틀린과 로티와 같은 작가들은 하나의 진보 좌파 구성체, 즉 그들이 자신의 청년기에 헌신했던 좌파 구성체(기틀린의 경우 신좌파, 로티의 경우 개혁주의 좌파)를 옹호하고 있다고 이해할 수 있다. 그리고 그들은 좌파 전체가 자신들에게 익숙한 이 형태로 갱신되고 확장되어야 한다고 본다. 다른 진보 좌파 구성체들(예컨대 자유주의 개혁 시민권 로비단체부터 포스트구조주의 철학자에 이르는, 또 민족연구 프로그램부터 레즈비언 분리주의자까지 이르는)은 규칙을 지키고 협조하고 현실을 직시하고 지침을 따르라고, 그러니까 말하자면…… 성장하기를 권고받는다. 정체성정치와 문화정치에 대한 비난의 압도적인 힘은 그들에게 유아적 인식과 태도를 지녔다는 오명을 씌우고, 이를 앞서 언급한 작가들의 입장의 성숙함과 대비시키는 것이다. 우리는 이 단어들의 흩날림을 훑어보고서는 유색인, 여성, 퀴어, 그리고 그들의 학계의 대변인이자 옹호자 간의 서로 분리 불가능한 정치가 '어린애같이 유치하게' 보인다고 할 수 있을까? 그들의 정치적·학문적 특징이 서로 닮지 않았다는 걸 보면서도 그럴 수 있는가?

가능한 한 가장 환원적이고 멸시적인 주장을 내놓는 기틀린과 로티는 자신과 일반적 관점을 공유하는 작가들은 존중한다. 마이클 토마스키가 그 예다. 그가 1997년의 책 『죽도록 방치된 좌파_Left for Dead_』에서 다음과 같은 질문을 던지는 순간, [정체성정치에 대한] 비판은 가장 모욕적인 수준까지 내려간다.

> 좌파와 우파가 표피와 성기에 대한 문화전쟁에 갇혀 있을 때 누가 이득을 얻는가? 이 나라를 소유한 자에게 이러한 다툼은 정말 하늘이 보낸 선물이다.[15]

하지만 '정체성정치'에 대한 비판은 이 용어로 일컬어지는 정치 구성체의 외부뿐 아니라 내부에서도 나왔다. 그러한 내적 비판은 종종 친근하고, 익살스럽고, 반어적이거나, 자아비판적이었다. 하지만 이러한 비판은 기틀린과 로티가 한 것과 완전히 다르지는 않게 가치를 구분했다.

자유주의에 대한 웬디 브라운의 설득력 있는 비판으로 1995년 출간된 『상처의 상태_States of Injury_』는 정체성정치에 대한 [그녀 입장의] 분리된 성격을 보여준다. 한편으로 브라운은 그러한 정치 구성체들의 미래와 모든 가능한 효과를 생각하기 위한 다각적 참조 프레임과 역사적으로 구체적인 설명을 요청한다. 다른 한편으로 브라운은 정체성 기반 운동이 계급정치를 회피할 뿐만 아니라 자본주의를 자연스러운 것으로 만든다고 규정하며 비판한다. 이러한 태도에서 문제는 브라운이 틀렸다는 것이 아니다. 정체성 기반 정치는 수사적으로나 실질적으로나 그녀가 묘사한 바로 그 방식대로 작동해왔다. 문제는 그녀가 다른 곳에서는 요청하고 있는 바로 그 역사적 구체성을 과도하게 일반화하고 파괴하면서, 정체성정치의 가장 보수적/신자유주의적 사례로부터 '정체성정치'의 일반적이고 전반적인 효과를 추상화할 것을 역설한다는 점에 있다. 어떻게 이것이 도움이 되겠는가? 정치적 분석의 전면에서 가장 급진적으로 변혁적이고 창조적인 순간을 유지하는 것이 더 생산적이지 않은가?

그리고 브라운의 분석에는 또 하나의 문제가 있다. 기틀린과 로티처럼 그녀도 명백하게 위계적인 대립을 생산하고, 그녀 자신을 확고히 높은 지위에 위치시키고선 권고의 어투로, 심지어 때때로 낮은 지위/수준인 것을 설명할 때는 경멸적인 어투로 일방적으로 가르치려는 태도를 취한다. 『상처의 상태』에서 그녀는 정체성정치의 전형적실수와 과도함의 예로서 캘리포니아 버클리에서의 반차별 조례에 대한 정치적 싸움*을 설명하는데, 이는 차별로부터 보호되어야 할 속

---

* 두건은 산타크루즈를 버클리로 착각한 듯하다. '보라색 머리 조례(Purple hair ordinance)' 또는 '못생긴 조례(Ugly ordinance)'라고 불린 이 조례는 이름에서 알 수 있듯이 머리색, 문신, 몸매 등 외모와 외양에 따른 차별을 금지하는 것으로, 1992년에 산타크루즈 시의회에서 제안되었다. 이후 다양한 정체성 집단들은 이 조례를 성적 지향, 나이, 인종, 장애 등에 기반한 차별을 금지하는 것으로 만들고자 했다. 브라운은 이러한 캠페인 활동이 차이들을 차이가 아닌 것, 정상인 것으로 만들어버리면서, 규범에 대한 위반적 거부의 가능성을 없앴다고 비판한다(Wendy Brown, *States of Injury: Power and Freedom in Late Modernity*[Princeton, NJ.: Princeton University Press, 1995], pp. 65~66).

성을 물화시켜 성적 지향, 인종, 젠더, 장애 등등의 긴 목록을 만드는 것이었다. 그녀는 이 사례를 '호도된' 활동가들의 어리석음과 협소함을 풍자하고, 이를 자신의 진지한 폭넓음과 대조하려는 목적으로 사용했다. [조례 캠페인의 수사와 전술에 대한 그녀의 독해는 [캠페인] 참가자의 열망을 미국 입법 담론에서 허용된 가장 협소한 자유주의적 프레임으로 축소하면서 그 뉘앙스를 단조롭게 하고, 삭제하며, 지금 존재하는 '정체성' 범주들을 넘어서려고만 애쓰는 것은 아닐까? 다른 정치적 작가(참여적 활동가이자 비평가인 신디 패튼 같은 이들은 아마도)는 이 전쟁에서 더 넓은 범위의 정치적 열망과 변혁적이거나 심지어 반자본주의적이고 반자유주의적 창조성의 계기를 가진 논쟁의 영역을 발견할 수 있지 않았을까?[16]

정체성정치나 문화정치를 정치적 '타자'로 풍자하고자 하는 충동은 이러한 비평가들이 유용하게 정치적 풍경을 그려낼 수 있도록 하지만, 그 이상으로 이들의 권위를 지지하는 기능을 한다. 이 충동 때문에 브라운은 정체성정치만이 아니라 미국의 자유주의에서 좌파정치에 이르는 전반적 역사를 과도하게 일반화하고 나아가 잘못 설명하기도 한다. 그녀는 2002년 논문 「반정치로서의 도덕주의Moralism as Antipolitics」에서 다음을 주장한다.

좌파나 자유주의자들은 역사의 진보라는 아이디어에서 자유롭지 못하다. 권리, 주권, 국가 없이는, 따라서 주권적 주체와 중립적 국가의 형상 없이는 누구도 자유나 평등을 상상할 수 없다.[17]

음, 이보세요? 미국의 역사에는 비중립적인 국가와의 비판적 관계 속에서 평등과 자유를 이해해온 좌파들이 존재하며, 심지어 미국 사회민주주의 자유주의자도 브라운이 허용하는 것보다 '권리'의 효용성에 대한 깊은 신뢰 이상의 현명한 전략을 보여주었다. 하지만 이러한 환원적인 축약을 하면서 [브라운은]가르치려는 태도로 나아간다. 브라운은 궁극적으로 진보 좌파와 그로부터 일탈한 정체성정치의 날개 분파에게 '충고'를 하면서, 그들 둘 다를 '존재'보다는 정치적 '결핍'의 언어로 색칠하기를 원한다. 하지만 '결핍' 또는 정치적 욕망의 언어, 그리고 '존재'에 대한 고정된 존재론에 대한 비판은 좌파정치, 급진정치, 정체성정치, 문화정치의 내부에 존재해왔다. 로빈 켈리의『자유가 꿈꾸다: 흑인의 급진적 상상*Freedom Dreams: The Black Radical Imagination*』이 최근에 인상적으로 그것을 증명했듯이 말이다.[18]

이러한 가르치려는 태도는 정치적 행동주의에 대한 좌파와 페미니스트의 학술적 글쓰기에도 존재한다. 미국에서의 재생산 권리와 낙태 정치에 대한 메리 푸비의 분석은 여러 측면에서 전형적이다. 푸비는 안전하고 합법적인 낙태 접근권을 위한 싸움에서 자유주의적 '사생활'과 '권리'의 한계를 분석한다. 그리고 가르치려는 태도를 취하면서, 활동가들에게 그 대신에 여성의 재생산 건강을 강조하는 언어로 나아가야 한다고 주장한다. 푸비의 비판은 예리하고 설득적이다. 문제는 푸비가 재생산 권리 전국 네트워크의 존재에 대해, 그리고 다양하게 제휴한 집단과 활동가들이 '사생활'과 '권리'의 언어뿐 아니라 의료 자본주의에 대한 비판을 하면서 여성 건강에 대한 강조를 확장적으로 배치하고 있다는 점을 잘 모른다는 것이다. 또한 법정에서 낙태 사건에 대해 자유주의적 언어로 주장을 폈던 활동가와 변호사들은 푸비가 제기하는 비판에 익숙하고 공감하면서도, 불법 낙태의 큰 비용과 대가를 생각하며 어떻게 '이길지'에 대한 전술적 결정을 했다는 것을 푸비는 상상하지 못하는 것 같다. 이러한 종류의 전술적 결정이 가져오는 비용/대가에 대한 대화는 좌파 페미니스트가 '사생활'과 '권리'에 대한 비판을 가르치고자 반복하는 것보다 아마 더 가치 있는 통찰력을 제공했을지도 모른다.[19]

이렇게 공통된 가르치려는 태도는 정치적 참여에 있어서도 반反생산적이다. 또 이러한 태도는 매우 많은 경우 현재 '교육'되는 사회운동에 대한 불완전한 지식에 기반하고 있다. 권고하고 충고하기보다는, 미래를 정교하게 만들기 위한 생산적·정치적 계기들을 찾아내고, 개입하고, 확장하는 것이 정치적으로 더 의미있을 것이다.

몇몇 사회주의적 좌파 페미니스트 작가는 위계를 생산하거나 오만하게 가르치려는 목소리를 내는 일 없이 정체성정치나 문화정치와 경제정의 캠페인을 구분한다. 낸시 프레이저의 인정recognition정치와 재분배redistribution정치를 구분하는 매우 영향력 있는 설명은 『방해받는 정의Justice Interruptus』(1997)에서 처음으로 제기됐다. 그녀는 이러한 구분이 정치적 역사가 뒤엉켜 있는 현실세계에서의 분리가 아니라, 분석적 구분이라고 매우 주의 깊게 지적한다. 프레이저는 결코 명확하게 위계를 생산하거나 가르치려는 태도를 채택하지 않고, 더 나아가 긍정하는affirmative 또는 **변혁하는**transformative 해결책 간의 교차하는 구분으로 자신이 설명한 이 짝패를 복잡하게 만든다. (경제의 작동보다는 상처를 주는 지위 차이에 대해서 말하는) 인정정치는 아마도 자유주의 개혁의 맥락 속에서의 정체성을 긍정할 수도, 문화 범주의 급진적 변혁을 옹호할 수도 있다. 재분배정치는 자본주의와 국가에서의 제한된 평등을 만드는 '개조'를 긍정하는 양식을 주장할 수도, 정치경제의 제도에 대한 사회주의적 변혁을 상상할 수도 있다.

프레이저의 목표는 재분배를 대체하거나 본질주의적인 부족주의로 미끄러지지 않는 비정체성적 인정정치를 공식화함으로써, 정체성 정치와 좌파 경제주의라는 양 측면의 가장 진보적인 경향을 정교하게 다듬어 이 둘 간의 분리를 극복하는 방향으로 가는 것이다. 하지만 이 짝패가 서로에 대해 그리고 정치경제 제도에 대해 동적인 관계가 아니라 정적인 관계라고 보면서, 프레이저는 이러한 구분을 반복한다. 즉 이것은 암묵적으로 프레이저가 피하고자 한 위계를 재창조하는 방식으로 분리를 구축하는 것이다.[20]

그녀의 주장에서 이러한 문제는 학술지 《소셜 텍스트_Social Text_》(1997)에 실린 버틀러와 논쟁에서 가장 명백히 드러난다. 버틀러는 프레이저의 재분배(계급정치로 예증된)부터 인정('단지 문화적'*인 레즈비언, 게이, 퀴어 정치로 예증된)까지의 스펙트럼이 문화적이란 꼬리표가

---

* 프레이저를 비판하는 버틀러의 논문 제목이 "단지 문화적"이다. Judith Butler, "Merely Cultural," _Social Text_, nos. 52~53(Fall/Winter 1997), pp. 265~277 [임옥희 옮김, 「단지 문화적」, 『오늘의 문화비평』 56호, 2005, 279~300쪽].

붙은 정치적 비평의 정치경제적 비판을 효과적으로 차단하고, 경제주의 좌파를 물질적 자원의 분배 속에서 특히 섹슈얼리티 작업(물론 이뿐만은 아니다)을 고민하고 설명해야 하는 곤란에서 해방시킨다고 주장한다. 버틀러는 1970년대의 사회주의 페미니즘, 특히 게일 루빈의 작업을 빌려와 성적 규제는 역사적으로 변화하는 경제 분배 양식에서 핵심 구성 요소라는 주장을 회복시킨다.

버틀러가 지적하듯이 프레이저의 스펙트럼은 퀴어 정치의 힘과 범위를 잘라내는 왜곡으로 가득 차 있다. 프레이저는 계급정치가 주로 분배에 초점을 맞추고, 인정에는 부차적으로만 초점을 맞춘다고 주장한다. 그녀는 곧 분배와 인정의 측면을 결합시키면서, 젠더와 인종의 정치를 혼종의 형태로 분석한다. 하지만 그녀는 퀴어 정치가 분배를 부차적으로 강조한다고 보며, 자신의 스펙트럼의 한쪽 끝인 인정에만 그것을 놓는다. 그렇지만 만약 계급정치가 또한 근본적으로 인정에 관한 것(노동자와 실업자를 집단적 삶의 완전한 구성원이자 공유자로서 인정하는 것)이라면, 그리고 퀴어 정치가 가족과 그 위계와 착취적 노동의 형태를 지지하는 관계를 비판하는 것이라면, 모든 종류의 정치는 혼종된 형태이다. 서로 다른 정치 구성체에서 강조되는 인정과 분배의 '수준'을 정량화시키기 위해 설계된 스펙트럼 그 자체는 불쾌하고 불공평한 구분을 좋은 것인 양 가장하면서 만들어내는 것이다. 퀴어 정치를 순수하게 인정에 대한 '문화적인' 정치의 꼬리표 아래에 두는 것은 퀴어 분석이 정치경제학, 물질적 삶, 사회적 삶의 생산과 재생산의 양식의 역사를 분석의 중심에 두고 설명하고 있다는 것을 부인하는 것이다. 이러한 종류의 환원은 '문화' 비평 또는 정체성정치가 정치경제학에 개입하고 변화시킬 수 있는 능력을 제거함으로써, 명백히 드러나지는 않는 암묵적인 위계를 생산한다. [이런 위계 속에서] 사실은 어떠한 정치경제학적 비판도 제공하지 않는 가장 보수적/신자유주의적인 '정체성정치'의 형태들이 페미니스트 퀴어, 반인종주의 정치적 창조성을 특징짓는 급진적 비판에 대한 대체물로 여겨진다.[21]

불행히도 《소셜 텍스트》에서의 논쟁에서 프레이저의 버틀러에 대한 응답은 버틀러가 비판하는 근본적인 지점을 놓친다. 정치경제와 문화 사이의 구분이 불안정하고 정치적으로 비생산적이라는 것을 입증하려는 버틀러의 노력에 대해, 프레이저는 이것이 역사적인 것을 조명하지 않는 해체적인 주장이라고 비난한다. 프레이저는 자본주의가 [정체성 같은] 지위와 계급 사이의 구분을 생산하며, 그 구분은 현실의 역사적 구분이 발전하면서 나온 것이라고 주장한다. 하지만 프레이저는 버틀러가 제기하는 비판의 근본적으로 역사적인 차원을 놓친다. 버틀러는 경제/문화 구분을 '단지 해체하고' 있는 것이 아니라, 그 구분이 자본주의적 자유주의 담론의 일종의 계략임을, 즉 자본주의 근대성의 제도에서 인종, 젠더, 섹슈얼리티, 그리고 계급 관계의 복잡한 중첩을 모호하게 만든다는 사실을 증명하고 있는 것이다. 역사적인 문제로서 지위와 계급은 자본주의에 의해 분리되지 않는다. 그리고 자본주의는 그 역사 발전의 모든 단계에서 지위 범주를 통해서 작동한다. 백인 남성에게만 한정된 제한적이고 전적으로 형식적인 민주주의(1장을 보라)에 대한 요구에서 자본주의를 제거하기 위해서, 지위와 계급은 수사적으로 분절된다(미국에서 이것은 19세기 초 몇십 년 동안에 발생했다). 프레이저는 이것이 진짜 분리가 아닌 형식적 구분이라는 것을 폭로하고 변화시키기보다는, 거기에 빠져버려서 이 구분을 반복하고 있는 것이다.

이 논쟁에서 버틀러는 프레이저보다 더 나은 역사가이다. 하지만 그녀의 주장은 충분히 전개되기보다는 암시적이다. 그 자체로 사회주의 페미니즘의 주장의 복구에 기반한 버틀러의 분석을 더 정교화하기 위해서, 서구의 자유주의적 자본주의 역사에서 젠더와 섹슈얼리티와 함께 인종적 차이의 중심성을 다루는 설명을 제공할 필요가 있을 것이다. 인정/재분배에 대한 안정적인 구분의 반복이 할 수 있는 것보다, 자본주의적 자유주의의 지배적 구분, 즉 계급과 정치경제 대 계층 혹은 '정체성' 및 문화(공 대 사라는 핵심적인 수사적 구분으로 드러나는)라는 구분에 저항하는 역사적·정치적 분석이 현재의 구분을 가로지르는 더 진보적인 정치적 개입을 위해 무엇인가 더 할 수 있을 것이다.

폴 길로이의 『인종에 반대하여_{Against Race}』가 이러한 분석의 예이다. 자유주의적 인간주의와 그것의 동시대적인 타자에 대한, 그리고 인종적·민족적 절대주의 또는 정체성 절대주의에 대한 그의 비판은 세계화하는 상업자본주의와 그것의 인종화된 상상에 대한 비판에 배태되어 있다. 그의 급진적인 전 세계적 인간주의에 대한, 코스모폴리터니즘과 민주주의에 대한, 그리고 일종의 과정으로서 정체성 개념(그는 디아스포라 정체성을 이러한 모델로 언급한다)에 대한 요청은 서구의 인간주의라는 용어의 프레임을 근본적으로 다시 짜는 것으로서 작동한다.

길로이는 인종적 차이가 그 위계에 대한 저항뿐만 아니라 야만적 위계를 가리키는 용어로서 핵심적인 역사적 역할을 해왔다는 사실을 지우지 않는 진보정치를 제안한다. 또 그는 진보정치가 인종적 정체성을 다중적이고 변화하며 다른 사회문화적 정체성의 범주와 교차하는 것으로 여겨야 한다고 주장한다.[22]

하지만 길로이의 텍스트는 가르치려는 어조를 사용한다. 인종적 절대주의에 대한 그의 비판의 주된 표적은 이슬람민족The Nation of Islam이라는 단체와 [그 지도자] 루이스 파라칸*이지만, 흑인 대중문화와 흑인 학자나 대중 지식인의 글 역시 비판의 표적이 된다. 정체성 절대주의자의 광범위한 대중성과 최신 유행까지 그 표적이 되는 것은 아니다.

---

* '이슬람민족'(이하 NOI)은 아프리카계 미국인들의 무슬림 종교 기반의 정치 운동 단체로, 파드 무하마드가 1930년 미시간 주 디트로이트에서 설립했다. 당시 성장하고 있던 산업 도시인 디트로이트에는 많은 흑인 노동자들이 밀집해 살고 있었고, 1929년 대공황의 혼란 속에서 흑인에 대한 폭력과 차별도 심각했다. 파드 무하마드는 이들 흑인 노동자와 빈곤층에게 그들의 선조인 아프리카 흑인의 종교인 이슬람교를 믿어야 한다고 설교했으며, 흑인 차별과 억압에 대해 적극적으로 개입하여 흑인을 정치 세력화하고자 노력했다. 한편 이들의 교리는 흑인이 백인보다 우월하며, 노예제도를 만들어낸 백인은 악마라는 주장 때문에 극단적이라고 비난받기도 하였다.

맬컴 엑스 역시 NOI의 대변인 등으로 활동했으며, 정치적 신념의 차이와 그에 대한 대중적인 인지도 증가 등에 위기를 느낀 NOI 지도부와의 갈등 때문에 조직을 떠난 것으로 알려져 있다. 1965년 맬컴 엑스의 암살에 NOI가 책임이 있다는 주장도 존재한다.

한편 루이스 파라칸은 1대 파드 무하마드와 2대 엘리자 풀(후에 성을 무하마드로 바꿨다)을 이은 이 단체의 세 번째 지도자로서 성차별, 호모포비아적 발언으로 비판을 받아온 바 있다. www.noi.org를 참고하라.

그는 결국 인종정치의 복잡한 영역을 좋은/디아스포라 정체성과 나쁜/절대주의 정체성이라는 다소 편평한 풍경으로 환원시킨다. 그가 사례를 일반화시킬 때, 로빈 켈리가 마이클 토마스키의 정체성정치에 대해 제기한 질문이 다시 제기된다. 그는 누구에 대해서 이야기하고 있는가? 그의 사례 읽기는 환원적이기에 악의적일 수 있다. 예를 들자면 길로이가 생물학주의라고 비판하는 엘리자베스 알렉산더의 에세이는 아마도 꽤 다르게 해석될 수 있을지도 모른다. 알렉산더의 검은 몸은 아마도 과학적 몸이라기보다는 은유적·사회적 몸으로 읽을 수 있을지도 모른다(무엇보다도 그녀는 시인이다). 그리고 정치적 삶에 대한 길로이의 설명의 초점 역시 비뚤어져 있다. 심지어 길로이가 제시하는 핵심적인 나쁜 사례인 흑인 민족주의에 대한 파라칸의 판본조차 사실 훨씬 더 복잡하고 모순투성이의 영역이다. 만약 길로이가 파라칸이라는 지도자를 보는 대신 사회운동을 집중해서 본다면(예를 들어, 와니마 루비아노*의 작업에서처럼) 말이다.[23]

로빈 켈리는 역동적이고 상호작용하는 차이들에 기반해 현재의 파편화된 진보 사회운동을 결집하는 방법을 제안하고 계속해서 실행한다. 이 차이들을 일괄적으로 한 범주에 넣어 다루거나 단지 신성한 것으로 모셔놓기보다는 말이다. 켈리는 그의 책 『네 엄마의 기능장애 *Yo' Mama's Disfunktional!*』에서 서로 다른 사람들이 사회정의를 위한 투쟁에 참

---

* '와니마 루비아노'는 듀크대학의 아프리칸 아메리칸 연구(African American studies) 프로그램의 교수이다.

뉴욕 시 기반의 오드리 로드 프로젝트는 이민과 인체면역결핍
바이러스HIV 예방에서부터 폭력과 고용 쟁점까지 다루며 전 세
계에서 온 유색인 퀴어를 조직한다. 이러한 분석과 활동의 장
은 정체성 기반의 정치학, 사회민주주의적 개혁, 그리고 유토
피아적이고 유연한 좌파 통일체 간의 창조적 연결을 만들어낸
다. 그림은 트랜스젠더 추모의 날(11월 20일)을 기리는 포스터.
© audrelordeproject.tumblr.com

여하거나 지지하는 과정을 거쳐 구성된 일련의 제휴를 통한 통일체를 만들 것을 제안한다. 그는 비록 정체성정치가 때때로 다인종/다문화 좌파정치에 족쇄를 채우지만, 그것은 또한 계급 개념을 대체하는 것이 아니라 풍부하게 만든다고 주장한다. 또한 켈리는 만약 다른 많은 양식 중의 하나인 인종, 젠더, 섹슈얼리티를 통해서 계급이 생동하게 되는 방식을 주변화하거나 무시한다면, 계급에 따라 누군가를 조직하는 것이 불가능하다고 주장한다.『자유가 꿈꾸다』에서 켈리는 파편화된 정체성에 몰두하는 사례로 제시될 수도 있는 1970년대 흑인 페미니스트 선언인 '컴바히 강 선언문The Combahee River Statement'*을 20세기의 흑인 급진주의 운동에서 가장 중요한 문서로 제시한다. 그가 신계몽주의 좌파(기틀린, 로티, 토마스키 등등)라고 부른 이들의 보편주의, 다수결주의, 헤게모니적 민족주의를 총체화하는 대신, 켈리는 이 선언문에서 좌파에게 더 많은 것을 제공할 수 있는 보편주의의 한 종류로서 집합적 사회운동의 산물을 발견한다.[24]

에릭 롯은 그가 "시끄러운 선동가 자유주의자boomer liberals"라고 부른 사회민주주의자들이 제시한 좌파/자유주의적 보편주의에 대한 그의 비판에서, 소위 문화정치에 대한 비평가들이 정체성정치 운동을 잘못 설명했다고 주장한다. 이러한 비평가들은 정체성에는 집중하지만, 정

---

* '컴바히 강 선언문'은 1974년부터 1980년까지 활발히 활동한 컴바히 강 공동체 (The Combahee River Collective)라는 흑인 레즈비언 페미니즘의 조직이 1977년 발표한 성명서이다.『페미니즘 선언』(한우리 편역, 현실문화, 2016)에 번역되어 실려 있다.

치는 간과한다는 것이다. 이것은 어떤 정치도 진지하게 다루지 않는
방식이다. 롯은 참여적 불일치participatory discrepancy의 정치를 요청한다.

이러한 종류의 상황은 정체성정치 '이후에' 얻는 것 같다. 말하자면 새로
운 사회운동의 무리로서 나타난 참여적 불일치의 정치는 밀치고 충돌하
고 때때로 넘어서고 횡단하는 운동들에 대한 욕망과 공모한다.[25]

이 제안은 켈리의 제휴 개념과 유사하게 전혀 가르치려는 태도
가 아니다. 그것은 실제로 존재하는 정치의 희망찬 순간의 확장을
말한다.

비판적으로 참여적이지만 관대하고 생산적인 정신은 『직장에서
드러내기: 게이-노동 동맹 건설하기Out at Work: Building a Gay-Labor Alliance』 선집에
글을 쓴 작가/활동가인 앰버 홀리보와 학자/활동가인 니킬 팔 싱 사이
의 대화를 고무시키는 것이기도 하다. 노동조직과 새로운 사회운동의
베테랑 사이에서의 정치적 통합과 시너지 효과를 위한 신호를 찾으면
서, 홀리보와 싱은 새로운 노동정치를 연구한다. 그들은 좌파 보편주
의자들이 좌파정치 일반뿐 아니라 노동조직화를 빈곤하게 만드는 방
식으로, 사회적 삶, 인종, 젠더, 섹슈얼리티의 살아있는 양상의 전체
풍경을 다시 사사화하기를 원한다고 비판한다. 홀리보는 에이즈 정치
의 역사를 가리키며, 에이즈 활동가들이 인종, 계급, 젠더, 섹슈얼리
티, 종교, 국적의 충격과 효과를 일괄적으로 다룰 수 없었고, 여전히
이것이 유효하길 바라고 있음을 언급한다. 이 활동가들이 주장하는

정체성 범주는 게이 남자뿐 아니라 [게이로 정체화하지 않고] 남자와 섹스를 하는 남자까지로 확장해, 에이즈의 희생자가 되어온 노동하지 않는 혹은 노동하는 광범한 빈곤층을 포함했다. 의료 기관 설립과 약품 거래의 문제가 배태된 정치경제학, 즉 질병을 키우는 잔혹한 불평등을 생산하는 정치경제학에 대한 비판은 필연적으로 (비록 몇몇 분파에서는 완전히는 아닐지라도) 문화적인 정체성 기반의 정치와 제휴한다.[26]

홀리보의 에이즈 정책에 대한 설명은 어떠한 방식의 경제/문화 분할에 대해서도 예리한 비판을 가하며, 인정/분배라는 이분법이 잘못된 이원론임을 드러낸다. 다른 활발한 사회운동(예컨대 교도소-산업 복합체, 환경 정의 캠페인, 복지 '개혁'에 반대하는 결집) 또한 마찬가지 비판을 제공한다. 몇몇 활동가 기구 또한 이러한 분리와 이분법에 반대한다. 예컨대 뉴욕 시의 오드리 로드 프로젝트The Audre Lorde Project는 이민과 인체 면역결핍바이러스 예방부터 폭력과 고용 쟁점까지 다루기 위해 전 세계에서 온 유색인 퀴어(즉 레즈비언, 게이, 바이섹슈얼, 트렌스젠더, 그리고 두 영혼two-spirit*의 뉴욕 시민)를 조직한다. 이러한 분석과 활동의 장은 정체성 기반의 정치학, 사회민주주의적 개혁, 그리고 유토피아적이고 유연한 좌파 통일체 간의 창조적 연결을 만들어낸다.

급진적 사회운동과 활동가 기구들은 종종 국가, 경제, 시민사회, 가족과 같은 집합적 삶에 대한 자유주의적 범주를 넘어, 이러한 범주

---

* 미국의 원주민은 동성애자와 같은 비규범적인 성적 주체에 대해 '두 영혼'을 가졌다고 일컫는다.

에 대한 신화화와 이들이 서로 간에 구성하는 불평등을 초월하고 극복하고자 한다. 개인적이고 집합적인 자율성의 형태를 옹호하는 주장과 결합된 확장적인 민주적 공공성에 대한 요청은 평등, 자유, 정의, 민주주의를 제한적인 (신)자유주의적 의미를 넘어서는 방식으로 재정의하고자 한다. 이를 통해 그들은 극명한 불평등을 위한 알리바이인 사사화와 공적인 집단적 돌봄에 대한 책임 방기인 개인의 책임을 주장하는 것으로부터 벗어난다. 변혁적 정치의 언어 속에서 균열의 순간을 듣지 않고, 대신 익숙한 반복만을 찾으며 정치의 언어를 환원적으로 듣는 분석가와 비평가는 이러한 노력을 제대로 이해하는 데 실패한다. 하지만 로빈 켈리, 에릭 롯, 와니마 루비아노, 신디 패튼, 앰버 홀리보, 니킬 팔 싱 등은 주의 깊게 변혁적인 정치적 언어를 들으면서 경제/문화에 대한 구분을, 그리고 이 구분을 유지하고자 규율하는 권위를 넘어서는 정치적 욕망을 드러낸다.

위험과 기회가 공존하는 지금 이 순간, 진보 좌파는 신자유주의에 맞서, 그리고 새로운 또는 계속되는 전쟁에 반대해 결집하고 있다. 이러한 결집은 각 집단을 규율하기 위해 분파적인 투쟁을 하는 장소가 될지도 모른다. 하지만 그러한 노력은 실패할 것이다. 각 집단은 훈육되지 않을 것이고, 훈육하고자 하는 이들은 쓴맛을 곱씹게 될 것이다. 또는 우리는 '다른 사람들'의 사회적 정의를 위한 투쟁에 개입하고 궁금해 하면서 생각하고, 말하고, 쓰고, 행동하는 방식을 찾을 수 있을지도 모른다. 또 누군가를 가르치려 들기보다는 존경심을 갖고 제휴하고 대화하고자 하고, 확장할 만한 희망찬 지점을 찾으며, 정치적 삶의 즐거움을 누리면서 생각하고, 말하고, 쓰고, 행동하는 방식을 발견할지도 모르겠다. 왜냐하면 삶의 목표가 될 만한 가치 있는 무엇인가를 만들고 상상할 진보정치를 위한 공간을 생산하는 것은, 바로 풍부하게 제공된 명료하고 실질적인 정치적 분석과 함께 결합한 기쁨과 집단적 돌봄, 사랑과 돈의 평등한 순환이기 때문이다.

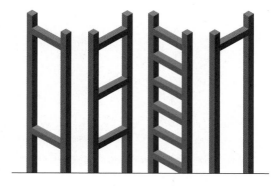

부록

미주

들어가며

1   1930년대 백인 남성 노동자의 고임금과 복지국가뿐만 아니라, "전쟁 상태"
     에 기반하는 1930년대의 제한적인 "사회적 담보(social warrant)"에 대한 더
     명쾌한 설명을 위해선, 조지 립시츠(George Lipsitz)의 *American Studies in
     a Moment of Danger*(Minneapolis: University of Minnesota Press, 2001)를
     보라. 립시츠는 4장에서 산업별 노동조합 회의(Congress of Industrial
     Organizations, CIO)의 시기(1930년대)와 민권 운동의 시기(1960년대)에 대한
     1970~80년대의 공격들을 약술한다. 그 공격은 다국적기업, 소규모 자산 소유
     자, 독립적 기업가, 종교 근본주의자의 강력한 연합체에 의해 조장되었다.

2   서론과 1장에서 나의 자유주의 역사에 대한 논의는 필연적으로 엄청나게
     요약된 형태이다. 이 주제에 대한 참고문헌은 광범위하다. 좋은 소개서로
     는 칼 폴라니(Karl Polanyi)의 *The Great Transformation*(Boston: Beacon
     Press 1944)[홍기빈 옮김, 『거대한 전환』, 길, 2009]과 웬디 브라운(Wendy
     Brown)의 *States of Injury*(Princeton N.J.: Princeton University, 1995)에 실
     린 "Liberalism's Family Values"(pp. 135~165)를 보라.

3   다양하기는 하지만 중첩되는 신자유주의의 특징과 의제에 대한 간략한 이
     해를 위해서는 진 코마로프(Jean Comaroff)와 존 코마로프(John L.
     Comaroff)가 편집한 *Public Culture*, vol. 12 no. 2(Spring 2000) 중에서
     "Millennial Capitalism and the Culture of Neoliberalism"과 노엄 촘스키
     (Noam Chomsky)의 *Profit over People: Neoliberalism and Global
     Order*(New York: Seven Story Press 1999)[강주헌 옮김, 『그들에게 국민은

없다』, 모색, 1999], 그리고 데이비드 보아즈(David Boaz)가 편집한 책인 *Toward Liberty: The Idea That is Changing the World*(The Cato Institute, 2002)를 보라.

4   1장에서 더 상세하게 주장하겠지만, 더 넓은 의미에서 정체성정치는 19세기에 시작된 미국 국민국가의 배제로부터 등장했다. 하지만 여기에서 정의된 좁은 의미에서의 정체성정치는 1980년대에 처음 등장했다.

5   신디 패튼(Cindy Patton)의 다음의 저작 중 무엇이든 참고해라. *Inventing AIDS*(New York: Routledge Press, 1999); *Last Served?: Gendering HIV Pandemics*(London: Taylor and Francis, 1994); *Globalizing AIDS*(Minneapolis: University of Minnesota Press, 2002).

1. 신자유주의의 계보

1   Kevin Phillips, *Wealth and Democracy: A Political History of the American Rich*(New York: Broadway Books, 2002), pp. xii, 41.

2   "The Week in Review," *New York Times*, 2002년 6월 30일, p. 1; Joseph E, Stiglitz, *Globalization and Its Discontents*(New York and London: W.W. Norton, 2002)[송철복 옮김, 『세계화와 그 불만』, 세종연구원, 2002]; Kevin Phillips, *Wealth and Democracy*.

3   자본주의와 자유주의 역사에 대한 문헌은 광범위하다. 좋은 소개서로는 칼 폴라니의 *The Great Transformation*(Boston: Beacon Press, 1944)[홍기빈 옮김, 『거대한 전환』, 길, 2009]과 웬디 브라운의 책 *States of Injury*(Princeton N.J.: Princeton University, 1995)에 실린 "Liberalism's Family Values"(pp. 135~165)를 보라.

4   이 과정에 대한 흥미로운 설명으로는 캐슬린 맥휴(Kathleen McHugh)의 *American Domesticity*(New York: Oxford Universiy Press, 1999)를 보라.

5   Timothy Mitchell, "'Society, Economy, and the State Effect," George Steinmetz ed., *State/Culture: State-Formation after the Cultural Turn*(Ithaca

and London: Cornell University Press, 1999), pp. 76~97; David Lloyd and Paul Thomas, *Culture and the State*(New York and London: Routledge, 1998); Michael A. Peters, *Poststructuralism, Marxism, and Neoliberalism: Between Theory and Politics*(New York and Oxford: Rowman, Littlefield Publishers, Inc., 2001)를 보라.

6   노동의 기사(the Knights of Labor) 같은 조직이나 엠마 골드만(Emma Goldman) 같은 활동가의 작업을 통해서 연결되고 중첩되는 몇몇 사건이 있다.

7   신자유주의 역사와 효과에 관한 분석에 대해서는 *Public Culture*의 특별호 "Millennial Capitalism and the Culture of Neoliberalism," vol. 12 no. 2 (spring 2000), 특히 특별호 편집자인 진 코마로프와 존 코마로프가 쓴 서문인 "Millennial Capitalism: First Thoughts on a Second Coming," pp. 291~343을 보라. 또한 George F. DeMartino, *Global Economy, Global Justice: Theoretical Objections and Policy Alternatives to Neoliberalism*(New York and London: Routledge, 2000); Noam Chomsky, *Profit Over People: Neoliberalism and Global Order*(New York: Seven Stories Press, 1999)[강주헌 옮김, 『그들에게 국민은 없다』, 모색, 1999]; Andriana Vlachou ed., *Contemporary Economic Theory: Radical Critiques of Neoliberalism*(New York: St. Martin's Press, 1999)을 보라.

8   라틴아메리카 맥락에서의 신자유주의 문화정치에 대한 세심한 설명에 대해서는, Jacquelyn Chase, *The Spaces of Neoliberalism: Land, Place and Family in Latin America*(Bloomfield, Conn.: Krimarian Press, 2002)에 실린 서문과 에세이들을 보라.

9   Judith Goode and Jeff Maskovsky eds., *The New Poverty Studies: The Ethnography of Power, Politics, and Impoverished People in the United States*(New York: New York University Press, 2001)를 보라.

10 Lawrence Meade, *Beyond Entitlement: The Social Obligations of Citizenship*(New York: Free Press, 1986), pp. 84~85. Christian Parenti, *Lockdown America: Police and Prisons in the Age of Crisis*(New York and

London: Verso, 1999), p. 168에서 재인용.

11   Anna Marie Smith, "The Sexual Regulation Dimension of Contemporary Welfare Law: A Fifty State Overview," *Michigan Journal of Gender and Law*, vol. 8 no. 2(2002), pp. 121~218. 스미스는 복지국가에 대한 역사 적·법적 연구의 광범위한 목록뿐만 아니라, 1996년 개혁에 대한 분석과 미 국의 복지법 제정의 역사에 대한 간단한 개요도 제공한다.

12   Angela Davis, *The Prison Industrial Complex*(San Francisco: AK Press Audio Recording, 1997); Christian Parenti, 앞의 책, pp. 3~66. 또한 Sasha Abramsky, *Hard Time Blues: How Politics Built a Prison Nation*(New York: Thomas Dunne Books/St. Martin's Press, 2002)을 보라.

13   Christian Parenti, 앞의 책, p. 3에서 재인용.

14   Dick Armey, "Creating a World of Free Men," in David Boaz ed., *Toward Liberty: The Idea That is Changing the World*(Washington D.C.: The Cato Institue, 2002), p. 428.

15   그 사례로는 Josephe E, Stiglitz, 앞의 책; Kevin Phillips, 앞의 책; "The Wickedness of Wall Street," *The Economist*, 2002년 6월 8일, pp. 11~12를 보라.

2. 문화전쟁을 통한 공적 영역의 축소

1   Carole Vance ed., *Pleasure and Danger: Exploring Female Sexuality* (Boston: Routledge, 1984)를 보라. 이 책은 1982년 콘퍼런스에서 발표되었 던 발표문들을 담고 있다. [옮긴이: 성 전쟁의 한복판에 놓인 이 콘퍼런스 는 소위 성매매 포르노와 관련해 페미니스트 간의 극명한 대립적 논쟁을 낳았다.]

2   성 전쟁 논쟁에 대한 연대기와 설명에 대해서는 Lisa Duggan and Nan Hunter, *Sex Wars: Sexual Dissent and Political Culture*(New York: Routledge, 1995)를 보라.

3   에이즈와 예술 검열 논쟁의 양상에 대한 설명에 대해서는 Cathy Cohen, *The Boundaries of Blackness: AIDS and the Breakdown of Black Politics*(Chicago, Ill.: University of Chicago Press, 1999)와 Richard Meyer, *Outlaw Representation: Censorship and Homosexuality in Twentieth-Century American Art*(New York: Oxford University Press, 2002)를 보라.

4   1998년 3월 22일에 방송된 CBS의 〈60분(60 Minutes)〉의 한 꼭지. [옮긴이: 마이클 월리스는 〈60분〉의 진행자이다.]

5   정치의 진실(Truth in Politics, 이하 TIP)은 시플리를 제외한 구성원의 정체가 밝혀지지 않았다. TIP는 이전부터 수년간 반복적으로 여성학 행사들에 대해서 불평해왔지만, 그 효과는 그다지 없었다. 하지만 시플리는 전직 간호사이자 레즈비언이며 1997년에 뉴욕주립대학 뉴팔츠 캠퍼스의 학장 최종 후보였던 로즈메리 커브(Rosemary Curb)에 대한 성공적인 반대 운동에 참여했다. TIP의 활동뿐만 아니라, 몇몇 현지 관찰자는 '반란 행동'과 콘퍼런스에 대한 공격에 개입한 많은 이들이 보수적인 가톨릭 비밀결사인 오푸스 데이(Opus Dei)와 연결되어 있다고 지적했다.

6   우호적인 게이 주간신문인 *The New York Blade News*(1997년 11월 14일, pp. 1, 8)는 이 미술 및 공연예술 대학의 콘퍼런스를 드라마 〈그레이 아나토미(Gray's Anatomy)〉에 나온 확대된 보지 사진과 확대된 여성 성기 그림, 에이즈에 대한 연극, 그리고 앤디 워홀의 영화들에 담긴 성적 내용에 대한 세미나를 포함한 예술전시라고 설명했다.

7   그 콘퍼런스 예산은 총장실과 예술과학 학장실에서 각각 400달러를 지원받은 것을 포함해서 5566달러였다. 기금의 나머지는 민간 집단들의 지원과 콘퍼런스 등록비로 충당되었다.

8   Bradford P. Wilson, "Politicizing Academic Freedom, Vulgarizing Scholarly Discourse," *The Chronicle of Higher Education*, 1997년 12월 19일.

9   "Panel Backs SUNY Campus on Sex Conference," *New York Times*, 1997년 12월 12일, B5.

10   "A $350,000 Gift for SUNY," *New York Times*, 1997년 12월 12일, A56.

11   예를 들어 뉴욕시립대학 교수노조 중 뉴욕시립대학 교수진의 새로운 위원

회(The New Caucus of the CUNY faculty)가 그러했듯이, 뉴욕시립대학 대학원의 레즈비언 게이 연구센터(The Center for Lesbian and Gay Studies at the CUNY Graduate Center)는 그 콘퍼런스를 두 가지 전선에서 방어했다. 뉴욕시립대학 스토니브룩(Stony Brook) 캠퍼스 학생신문의 논설은 드 루시의 "의견과 결정은 심지어 교회 숙녀가 드 루시에게 제발 진정하라고 말할 정도"라고 언급했다. [옮긴이: '교회 숙녀'는 미국의 코미디쇼 〈세터데이 나이트 라이브(Saturday Night Live)〉의 한 꼭지에 나오는 캐릭터로서, 금욕적인 교회를 다니는 독실하고 보수적인 신자로 신앙 없이 세속적인 삶을 살고 있는 게스트를 비난하는 역할이다.]

12   라이언의 발언은 크게 보도되었다. 예를 들어 《뉴욕타임스》 1998년 1월 28일자를 보라. 드 루시의 라디오 연설은 '성적 자유를 위한 전국연합'의 1998년 1월 30일 보도자료에 인용되었다.

13   "SUNY New Paltz Braces for New Round of Criticism," *Albany Times Union*, 1998년 2월 24일.

14   Alisa Solomon, "Sexual Smokescreen," *Village Voice*, 1997년 11월 25일, p. 56.

15   마리오 쿠오모의 세 번의 임기와 기업 및 재정적 이해관계로부터 받은 심각한 압력하에서 그의 우경화에 대한 논의를 위해서는 Sidney Plotkin and William E. Scheuerman, *Private Interest, Public Spending: Balanced Budget Conservatism and the Fiscal Crisis*(Boston: South End Press, 1994), Part 2, "A Case Study of New York"을 보라.

16   아직 출간되지 않은 자신의 연구 논문 "Candace Camera: How Attacks on Queer Theory Support Conservative Politics"에서 정보를 발췌할 수 있도록 허락해준 Liz Sevcenko에게 감사를 전한다.

17   Alisa Solomon, "Enemies of Public Education: Who Is Behind the Attacks on CUNY and SUNY?" *Village Voice Education Supplement*, 1998년 4월 21일, pp. 2~4.

18   드 루시(Candace de Russy)의 메모는 Lorna Tychostup, "Chill Factor at SUNY New Paltz," *Chronogram*, 1999년 11월, p. 7에 다시 실렸다.

19   보엔은 개인적인 인터뷰에서 이 연설에 대한 복사본을 제공해주었다. 그는

나중에 이 연설을 더 정리한 판본을 출간했다. Roger Bowen, "The New Battle Between Political and Academic Cultures," *The Chronicle of Higher Education*, 2001년 6월 22일, B14~15를 보라. 보엔은 뉴욕주립대학을 떠나서 밀워키 공립박물관(The Public Museum in Milwaukee)의 대표가 되었다.

20   Alisa Solomon, "Sexual Smokescreen"에서 재인용.

21   1990년대 중후반 캘리포니아와 버지니아에 있었던 비슷한 조건과 사건에 대한 논의를 위해서는 Annette Fuentes, "Trustees of the Right's Agenda," *The Nation*, 1998년 10월 5일, pp. 19~21을 보라.

22   1970년대 이후 미국의 "신보수주의"의 다양한 측면에 대한 설명을 위해서는 Amy Ansell ed., *Unraveling the Right: The New Conservatism in American Thought and Politics*(Boulder, Colo.: Westview Press, 1998)를 보라.

23   Clarence Y.H. Lo, *Small Property versus Big Government: Social Origins of the Property Tax Revolt*(Berkeley: University of California Press, 1990).

24   토머스 에드설(Thomas Byrne Edsall)과 메리 에드설(Mary D. Edsall)은 자신들의 책 *Chain Reaction: The Impact of Race, Rights and Taxes on American Politics*(New York: W. W. Norton & Co., 1991)에서 인종, 권리, 징세가 1965~90년의 미국 정치를 이끌었다고 주장한다.

25   제2차 세계대전 이후 시기 연방정부 주택정책의 인종주의적 파급력에 대한 신뢰할 만한 분석으로는 George Lipsitz, *The Possessive Investment in Whiteness: How White People Profit from Identity Politics*(Philadelphia, Pa.: Temple University Press, 1998)를 보라.

26   Jean Stefancic and Richard Delgado, *No Mercy: How Conservative Think Tanks and Foundations Changed America's Social Agenda*(Philadelphia, Pa.: Temple University Press, 1996).

27   1장에서 다룬 복지 정치 논의를 보라.

28   이것들은 린 체니(Lynne Cheney)가 전국 인문과학 기금(National Endowment for the Humanities)의 의장 재임 기간에 공격했던 이른바 '4인방'이었다. [옮긴이: 린 체니는 레이건 대통령과 부시 1세 대통령 시절인

1986년부터 1993년까지 전국 인문과학 기금의 의장이었으며, 2001년부터 2009년 1월까지 딕 체니 부통령의 아내로서 미국의 세컨드 레이디 역할을 했다.]

29 Gary Rhoades and Sheila Slaughter, "Academic Capitalism, Managed Professionals and Supply-Side Education"; Bart Meyers, "The CUNY Wars," *Social Text* 51(summer 1997), pp. 9~38, 119~130을 보라. 또한 Neil Smith, "Giuliani Time: The Revanchist 1990s," *Social Text* 57(winter 1998), pp. 1~20, 특히 pp. 14~15를 보라.

3. 평등한 퀴어라는 신자유주의의 신화

1 전국 레즈비언 게이 대책위원회(The National Lesbian and Gay Task Force)가 폴웰의 9월 13일 연설과 그에 대한 응답 관련 녹취록을 발표했다. 이를 비롯한 기타 9·11 이후의 사건들은 2001년 9월 14일자 QueerMail@aol.com에 의해 게시되었다.

2 Bill Ghent, "Tragedy Changed Gay Climate," *National Journal*, 2002년 1월 21일, p. 104.

3 Suzanna Walters, *All the Rage: The Story of Gay Visibility in America*(Chicago, Ill.: University of Chicago Press, 2001)를 보라.

4 클린턴 행정부는 미국 역사상 인종적 소수자와 여성을 가장 많이 포함했던 정부였지만, 이 포함적 성격이 행정부의 일상 업무의 영향력에서의 완전한 평등까지 이어지지는 못했다. 도나 샬레일라(Donna Shalala)의 보건사회복지부나 재닛 리노(Janet Reno)의 법무부를 포함해 여성에 의해 주도된 내각 부서들은 주변화되는 경향이 있었다. 고위 관료직에 지명된 아프리카계 인사는—예를 들어 공중보건 장교위원회(Public Health Service Commissioned Corps)의 의장이었던 조이슬린 엘더스(Joycelyn Elders)가 보장된 임기를 채우지 못한 것과 라니 귀니어(Lani Guinier)를 법무부 민권 분과에 지명하는 데 실패한 것이 보여주듯이—희생할 만한 겉치레 장식으

로 간주된 것 같았다. 군복무에서 레즈비언과 게이에 대한 배제를 없애고자 한 클린턴 행정부의 노력을 비롯한 다른 역사적인 노력은 부적절하고 효과 없는 타협 정책으로 끝나버렸다. 하지만 부시 행정부의 '다양성'은 그보다 훨씬 제한적이고 명목뿐이었으며 결점을 감추기 위한 것이었다.

5 Angela Dillard, *Guess Who's Coming to Dinner Now? Multicultural Conservatism in America*(New York: New York University Press, 2001)를 보라. "평등 페미니즘"의 사례로는 The Independent Women's Forum의 웹사이트 www.iwf.org를 보라.

6 뉴딜연합에 대한 이러한 공격과 인종주의 관련 핵심적 배치에 대한 논의로는 George Lipsitz, *American Studies in a Moment of Danger*(Minneapolis: University of Minnesota Press, 2001), chapter 4, pp. 83~114를 보라. 이 전략의 옹호에 대해서는 Kevin Phillips, *The Emerging Republican Majority*(New Rochelle, N.Y.: Arlington House, 1969)를 보라.

7 모든 전국적 게이 시민권 운동단체가 신자유주의적이지는 않다. 하지만 대부분이 그러하다. 인종, 젠더, 다른 성소수자(예를 들어 트랜스젠더 그룹)를 대표하는 몇몇 조직이 그러하듯이, 전국 레즈비언 게이 대책위원회는 진보적인 지향을 간직하고 있다.

8 현재 인권캠페인의 기업 스폰서로는 우익 가족 소유의 맥주회사 쿠어스와 노동착취 관행 때문에 자주 비판받고 불매운동 대상이 되는 나이키가 있다.

9 National Coalition of Anti-Violence Programs(NCAVP), 2001년 10월 13일 보도자료.

10 2001년 10월 13일 마이클 브론스키(Michael Bronski)의 이메일에서 인용.

11 "'Liberty for All' Conference Spotlights Political Transformation Under Way in Gay Movement," Log Cabin Republican, 1999년 8월 30일 보도자료에서 인용. 심각한 엘리트주의 의제와 짝을 이루는 피상적 포함(superficial inclusiveness)이 이 콘퍼런스의 특징이었으며, 조지 W. 부시의 '온정적 보수주의'가 기만적이고 조작적으로 전국 방송에서 팔렸던 2000년 8월 공화당 대회에서 전국적인 관심을 받았다.

12 http://www.indegayforum.org. [옮긴이: 현재 홈페이지 주소는 더

이상 존재하지 않고, 블로그(https://igfculturewatch.com/)와 페이스북(https://www.facebook.com/igfCultureWatch)만 존재한다.]

13   Richard Goldstein, *The Attack Queers: Liberal Society and the Gay Right*(London and New York: Verso, 2002)

14   Michael Warner, "Media Gays: A New Stone Wall," *The Nation*, 1997년 7월 14일. 워너의 글은 내가 여기서 다룬 신자유주의 작가들과는 약간 다르지만 중첩되는 이들을 표적으로 한다. 그는 신자유주의적 좌표로 딱 떨어지지 않는 많은 이를 포함한 광범위한 집단—예를 들어 래리 크레이머(Larry Kramer), 가브리엘 로텔로(Gabriel Rotello), 미켈란젤로 시그노릴(Michelangelo Signorile) 같은 독립게이포럼의 새로운 게이 패러다임에 포함되지 않는 이들—의 보수적 성정치를 분석한다.

15   나는 여기에서 [새로운 호모규범성이라는 용어를 사용함으로써] 마이클 워너가 소개한 용어인 이성애규범성(heteronormativity)을 다른 방식으로 반복한다. 다만 이 두 용어가 같은 수준에서 대비된다고 말하는 것이 아니다. 게이의 삶이 얼마나 보수적인지 또는 얼마나 그것을 정상화하려고 하는지에 상관없이, 이성애적 결합을 촉진하고 유지하는 제도와 비교될 만한 게이의 삶의 구조는 없기 때문이다.

16   나는 여기 내 논의에서 '게이'라는 단어를 쓴다. 왜냐하면 이 용어가 신자유주의를 위해 작동하기 때문이다. 그들은 때때로 레즈비언을 포함하려는 태도를 취하지만, 그들의 정책 제안 중 어떤 것도 실질적으로 여성과 젠더 쟁점을 제기하지 않는다. 바이섹슈얼, 트랜스젠더 또는 퀴어와 같은 용어는 오직 조롱의 대상으로서만 나타난다. 그리고 이 작가들이 독자를 잠정적으로 백인이라고 생각한다는 것은 명백하다.

17   호모필 운동 정치에 대한 최고의 설명과 분석으로는 John D'Emilio의 고전적 연구인 *Sexual Politics, Sexual Communities: The Making of a Homosexual Minority in the United States, 1940~1970*(Chicago, Ill.: University of Chicago Press, 1983)을 보라.

18   John D'Emilio, *Sexual Politics*; Rodger Streitmatter, *Unspeakable: The Rise of the Lesbian and Gay Rights Press in America*(Boston: Faber & Faber,

1995); Jim Kepner, *Rough News—Daring Views: 1950s Pioneer Gay Press Journalism*(New York: The Haworth Press, 1998); and Manuela Soares, "The Purloined Ladder: Its Place in Lesbian History," in Sonya Jones, ed., *Gay and Lesbian Literature Since World War II: History and Memory*(New York: The Haworth Press, 1998), pp. 27~49를 보라.

19   1980년대 반동성애 발의안과 에이즈에 직면한 새로운 퀴어 행동주의의 폭발적 성장에 대한 분석으로는 Lisa Duggan and Nan Hunter ed., *Sex Wars: Sexual Dissent and Political Culture*(New York: Routledge, 1995)를 보라.

20   이 새로운 게이 도덕주의에 대한 날카로운 설명으로는 Michael Warner, *The Trouble with Normal: Sex, Politics and the Ethics of Queer Life*(New York: The Free Press, 1999)를 보라.

21   "대부분의 게이들", "퀴어적 생각", "포스트 이데올로기적"에 대해서는 브루스 바워가 편집한 *Beyond Queer: Challenging Gay Left Orthodoxy* (New York: The Free Press, 1996), introduction, pp. ix~xv를 보라. "침묵하는 다수"에 대한 설명으로는 Bruce Bawer, *Place at the Table: The Gay Individual in American Society*(New York: Simon and Schuster, 1993), p. 26을 보라. "시대착오적인" 스톤월 정치에 대한 언급은 "Notes on Stonewall: Is the Gay Rights Movement Living in the Past?" *The New Republic*, 1994년 6월 13일, p. 24에 실려 있다.

22   Bruce Bawer, "Up (with) the Establishment," *The Advocate*, 1996년 1월 23일, p. 112. 이데올로기적 극단주의에 대한 비난은 Urvashi Vaid의 책 *Virtual Equality: The Mainstreaming of Gay and Lesbian Liberation*(New York: Doubleday, 1995)에 대한 바워의 논평 "Radically Different: Do Gay People Have a Responsibility to be Revolutionaries?" in *The New York Times Book Review*, 1995년 11월 5일, p. 21을 참고하라.

23   《뉴욕타임스》(1997년 9월 11일)에 실린 이 편지의 내용은 이 예술 기금 갈등과 관련한 다른 문서들과 함께 http://hotx.com/esperanza/litigation에 올라와 있다. 사건에 대한 훌륭한 요약으로는 Alexandra Chasin, *Selling Out:*

The *Gay and Lesbian Movement Goes to Market*(New York: St. Martin's Press, 2000), pp. 228~233을 보라. 에스페란자 센터는 1997년부터 기금 쟁점과 관련한 반복적인 전쟁을 겪어왔고, 이 글을 쓰고 있는 지금도 법적 소송에 휘말려 있다.

24   Andrew Sullivan, *Virtually Normal: An Argument about Homosexuality*(New York: Alfred A. Knopf, 1995), p. 21.

25   앞의 책, p. 47.

26   앞의 책, pp. 69, 71. 설리번은 미국 역사가 조지 천시(George Chauncey), 역사가이자 고전주의 연구자 데이비드 핼퍼린(David Halperin), 그리고 역사사회학자 데이비드 그린버그(David Greenberg)를 인용한다. 그래서 그는 이 점에 대한 반대 의견의 일치를 모를 리 없다. 그는 오직 중세 가톨릭교회 역사학자이자 단일한 동성애 정체성 쟁점에 대해 거의 유일하게 지지의 목소리를 내는 존 보스웰(John Boswell)의 이름만을 "역사 그 자체"에 대한 그의 관점을 지지하는 것으로 제시한다. [옮긴이: 푸코와 천시 같은 역사학자들은 동성애자라는 주체가 근대 이후에 등장했다고 본다.]

27   Lisa Duggan, "Making It Perfectly Queer," in Duggan and Nan D. Hunter, *Sex Wars: Sexual Dissent and Political Culture*(New York: Routledge, 1995), pp. 155~172를 보라. 이 에세이는 1990년대 정치적 논쟁에서 "아웃팅"과 "퀴어"의 사용에 대해 논의한다.

28   Andrew Sullivan, *Virtually Normal*, pp. 85, 93.

29   Judith Butler, *Excitable Speech: A Politics of the Performative*(New York: Routledge, 1997)[유민석 옮김, 『혐오 발언』, 알렙, 2016].

30   설리번의 *Virtually Normal*에 담긴 역사적 설명에 대한 절제되었지만 통렬한 비판으로는 K. Anthony Appiah, "The Marrying Kind," *The New York Review of Books*, 1996년 6월 20일, pp. 48~52를 보라.

31   Andrew Sullivan, *Virtually Normal*, p. 151.

32   앞의 책, pp. 176~179.

33   앞의 책, p. 182.

34   앞의 책, p. 192. 게이 보수주의자가 결혼을 이상화하는 데 대한 유쾌한

비판으로는 Katha Pollitt, "Gay Marriage? Don't Say I Didn't Warn You," *The Nation*, 1996년 4월 29일, p. 9가 있다. 그녀는 다음과 같이 말한다. "게이 친구들이 동성결혼을 옹호할 때 나는 항상 동의하며, 내 남편과 내가 떠나고 있는 것[결혼]을 그들에게 권한다. 왜 이성애자만이 사랑하고 존중하고 돌보겠다는 실행 불가능한 약속으로 스스로를 집파리마냥 법의 그물에 가두는 유일한 존재여야 하는가. 결혼은 게이와 레즈비언에게 죄의식, 좌절, 폐소공포증, 혼란, 자존감 감소, 불공정함과 슬픔이라는 새로운 전망을 열어줄 뿐만 아니라, 그들에게 법정에서 서로를 괴롭힘으로써 이 비참함을 연장시키는 기회를 제공할 것이다."

35 Andrew Sullivan, *Virtually Normal*, pp. 186~187.

36 *Virtually Normal*의 에필로그에서 설리번은 게이의 삶(오직 항상 백인 게이 남성의 삶이다)은 차이가 있지만 크게는 사회를 위한 자원을 포함하고 있다고 말하면서 이상한 양가성에 빠진다. (그의 주제와 독자는 오직 잠정적으로 백인 남성이다. 설리번의 '게이'의 백인성에 대한 인식이 노출된 경우로는 "Gay Male Identities, Personal Privacy, and Relations of Public Exchange: Notes on Directions for Queer Critique," in *Queer Transexions of Race, Nation, and Gender*, eds. Phillip Brian Harper, Anne McClintock, José Esteban Munoz, and Trish Rosen, Special issue of *Social Text* 52/53[15.3~4; Fall/Winter 1997, pp. 5~29)를 보라.) 설리번은 우정의 네트워크의 협력하는 역할과 관계에서 "혼외의 욕구 분출"을 허락하는 많은 게이 남성들의 엄청난 유연성을 지적한다. 그는 "혼외의 욕구 분출"에 대한 언급 때문에 우파로부터 가혹하게 비난받았고, 결국 이 책의 문고판의 새 후기에서 이것을 철회했다. 이 쟁점에 대한 노만 포드호레츠(Norman Podhoretz)의 공격에 대한 답변으로서 *Commentary*(1996년 11월)의 편집자에게 보낸 편지에서, 설리번은 "동성결혼에서 간통과 같은 부정은 이성결혼에서처럼 파문되어야 한다는 것이 내 관점"이라고 명확히 한다." 글쎄, 누군가는 이렇게 물어볼지도 모르겠다. '정확히 어떻게 그것이 파문되어야 하는가?'

37 AndrewSullivan.com, "Daily Dish," 2001년 9월 23일.

38 설리번의 강의인 '게이 정치의 거세(The Emasculation of Gay Politics)'에

대한 뉴욕 공공도서관 홍보 전단지에는 다음과 같이 적혀 있다. "설리번 씨는 어떻게 게이 공동체가 성적 자유의 방어에서 벗어나 피해자 연구라는 시류에 편승하게 되었는지에 대한 사례를 소개한다. 신좌파 페미니즘은 게이 정치의 종류를 영원히 바꿔놓았다. 그리고 그 결과 게이 남성은 표면상 정치적인 제도로부터 소외되어왔다." 다른 강의와 글에서 설리번은 언제나처럼 자신의 좌파 때리기 재능을 발휘하여 조지 W. 부시 대통령 재임 시절의 아프가니스탄 공습과 이라크전쟁을 지지했다. 2002년 9월 15일 런던의 《타임스》에 실린 "완벽한 아침이어야 했는가(Did It Have to Be a Perfect Morning?)"에서 그는 "나라의 중부, 즉 부시에게 투표한 빨간 지역[옮긴이: 빨간색은 공화당의 상징색으로, 전통적으로 공화당을 지지하는 중부 주들을 말한다]은 정말로 전쟁 준비가 되었다. 동서부 연안의 고립된 영토[옮긴이: 대표적인 민주당 지지 지역인 미국 동부와 서부 주들을 말한다]의 쇠퇴한 좌파들은 죽지 않는다. 그리고 제5열[옮긴이: 큰 집단 내부에 암약해 간첩처럼 내부를 침식시키는 집단]을 구축할지도 모른다"라고 말한다.

39 자유교육포럼 웹사이트 www.libertyeducationforum.org를 보라.

40 독립여성포럼의 활동을 포함한 우파 자유방임주의에 대한 뛰어난 논의로는 Jean Hardisty, *Mobilizing Resentment: Conservative Resurgence from the John Birch Society to the Promise Keepers*(Boston: Beacon Press, 1999), Chapter 6, "Libertarianism and Civil Society: The Romance of Free-Market Capitalism," pp. 162~188을 보라.

41 David Boaz, "Reviving the Inner City," in David Boaz and Edward Crane ed., *Market Liberalism*, pp. 189~203. 보아즈가 게이의 결혼 대 동거동반자 관계에 대한 자신의 입장을 자세히 밝힌 글으로는 "Domestic Justice," *New York Times*, 1995년 1월 4일을 보라.

4. 사랑과 돈의 평등한 순환

1 Rosalind P. Petchesky, *Abortion and Woman's Choice: The State, Sexuality,*

and Reproductive Freedom(Boston: Northeastern University Press, 1990).

2   Luke W. Cole and Sheila R. Foster, *From the Ground Up: Environmental Racism and the Rise of the Environmental Justice Movement*(New York: New York University Press, 2000).

3   신디 패튼의 다음 출판물 중 무엇이든 참고하라. Cindy Patton, *Inventing AIDS*(New York: Routledge, 1990); *Last Served? Gendering the HIV Pandemic*(New York: Taylor and Francis, 1994); *Globalizing AIDS*(Minneapolis: University of Minnesota Press, 2002).

4   Alexander Cockburn, Jeffrey St. Clair, and Allan Sekula, *Five Days That Shook the World: The Battle for Seattle and Beyond*(New York and London: Verso, 2001)를 보라.

5   9·11, 이라크와의 전쟁, 그리고 그 이후에 대한 광범위한 정치적 논평을 인터넷 사이트들은 전통적 인쇄출판물보다 훨씬 더 빠르고 포괄적으로 순환시켰다. 예를 들어 www.counterpunch.com에 있는 아카이브를 보라.

6   예를 들어 9·11 이후 애국법(PATRIOT[Providing Appropriate Tools Required to Intercept and Obstruct Terrorism])이 제정된 것 같이, 시민적 자유를 축소함으로써 테러리즘과 싸우기 위해 계획된 정부 조치와 새로운 입법 제정의 배치에 대해서는 《네이션(*The Nation*)》이 2003년 이라크전쟁 과 그 이후의 기간을 포함해 몇 년에 걸쳐 다루었다.

7   Alisa Solomon, "Which Third Way? Greens and the WFP Try to Make Progressive Votes Count," *The Village Voice*, 2000년 10월 30일, 2000년 11월 5일. 솔로몬의 주장에 따르면, "미국 커뮤니케이션 노동자(The Communications Workers of America) 같은 진보적 노동조합과 지역사회 개혁조직 연합(ACORN) 같은 풀뿌리 권익 옹호 집단을 중심으로 1998년 건설된 WFP는 뉴욕의 '통합(fusion)'에 대한 허용을 철저히 이용했다. 이 통합이란 서로 다른 정당이 같은 후보자를 상호적으로 인정·지지할 수 있도록 허락하는 것이다. 초기 단계에서 WFP는 거의 자신의 후보자를 지명하지 않았지만, WFP가 상징하는 진보적 이상에 상응하는 민주당 후보들을 지지했다. 그러한 이상으로는 생활임금, 합리적인 주택 가격, 학교에 대한

투자가 있다. 관련한 질문을 받을 때 WFP는 게이 권리와 재생산 자유에 대한 지지를 인정하지만, 또한 그 입장을 WFP 웹사이트에서 오랫동안 찾아봐야 알 수 있다. 경제정의가 이 정당의 본질적인 명분이다."

8   Ralph Nader, *Crashing the Party: Taking on Corporate Government in an Age of Surrender*(New York: Thomas Dunne Books/St. Martin's Press, 2002). 로 대 웨이드에 대한 논의와 네이더의 입장 및 연설에 대한 페미니스트적 도전은 pp. 261~267를 보라. 여기에는 '생식 정치' 연설에 대한 어떠한 언급도 없다. 이 인용구는 LGBT 메일리스트와 웹사이트에 광범위하게 보도되었지만, 나는 그것을 여기서는 확인할 수 없었다.

9   앞의 책, p. 103.

10   Elizabeth 'Betita' Martinez, "Where Was the Color in Seattle?" in Mike Prokosch and Laura Raymond, *The Global Activists Manual: Local Ways to Change the World*(New York: Thunder's Mouth Press/Nation Books, 2002), pp. 80~85를 보라.

11   Naomi Klein, *No Logo: No Space, No Choice, No Jobs*(New York: Picador USA, 2000), p. 122[이은진 옮김, 『슈퍼 브랜드의 불편한 진실』, 살림biz, 2010, p. 218].

12   Thomas Frank, *One Market Under God: Extreme Capitalism, Market Populism, and the End of Economic Democracy*(New York: Anchor Books/Random House, Inc., 2000).

13   Todd Gitlin, *The Twilight of Common Dreams: Why America Is Wracked by Culture Wars*(New York: Henry Holt and Company, Inc., 1995).

14   Richard Rorty, *Achieving Our Country: Leftist Thought in Twentieth-Century America*(Cambridge: Harvard University Press, 1998)[임옥희 옮김, 『미국 만들기: 20세기 미국의 좌파 사상』, 동문선, 2003].

15   Michael Tomasky, *Left for Dead: The Life, Death and Possible Resurrection of Progressive Politics in America*(New York: The Free Press, 1996), p. 25.

16   Wendy Brown, *States of Injury: Power and Freedom in Late Modernity*(Princeton, N.J.: Princeton University Press, 1995), 특히 3장

"Wounded Attachments," pp. 52~76를 보라. 신디 패튼의 작업의 예로는 4장의 미주 3번을 참고하라.

17   Wendy Brown, "Moralism as Antipolitics," in Russ Castronovo and Dana D. Nelson eds., *Materializing Democracy: Toward a Revitalized Cultural Politics*(Durham and London: Duke University Press, 2002), p. 370.

18   Robin D.G. Kelley, *Freedom Dreams: The Black Radical Imagination*(Boston: Beacon Press, 2002).

19   Mary Poovey, "The Abortion Question and the Death of Man," in Judith Butler and Joan W. Scott, eds., *Feminists Theorize the Political*(New York and London: Routledge, 1992), pp. 239~256. 푸비는 포스트구조주의의 통찰력을 낙태 논쟁에 가져오고자 한다. 그리고 그 용어를 사용해 낙태를 법제화하기 위한 노력을 구조화하는 '권리' 요구의 주장을 복잡하게 만들고자 한다. 그녀는 자신의 통찰력과 제안이 논쟁적이 될 것이라는 희망과 기대를 갖는다. 하지만 푸비가 결국 깨닫지 못한 것은, [그녀가 논쟁적이며 혁신적이라 자신하는] 자신의 비판의 정치적 함의가 단련된 재생산 자유 활동가들(특히 재생산 권리 전국 네트워크에 뿌리를 두고 있는)에게는 우스꽝스러울 정도로 (비통한 수준은 아니더라도) 당연했고 당연한 일이라는 점이다.

20   Nancy Fraser, *Justice Interruptus: Critical Reflections on the "Postsocialist" Condition*(New York and London: Routledge, 1997). 또한 Nancy Fraser, "Rethinking Recognition," *New Left Review* 3(2000년 5~6월)을 보라.

21   Judith Butler, "Merely Cultural," and Nancy Fraser, "Heterosexism, Misrecognition, and Capitalism: A Response to Judith Butler," *Social Text* nos. 52~53(Fall/Winter, 1997), pp. 265~289. 중점적으로 정치경제학적 요소를 지닌 광범위한 퀴어 분석을 위해서는 게일 루빈(Gayle Rubin), 캐시 코헨(Cathy Cohen), 로런 벌런트(Lauren Berlant), 호세 무뇨스(José Muñoz), 가야트리 고피나스(Gayatri Gopinath), 나얀 샤(Nayan Shah), 존 하워드(John Howard) 등의 작업을 보라. 프레이저는 이러한 작업들을 잘 모르는 것 같다.

22   Paul Gilroy, *Against Race: Imagining Political Culture Beyond the Color*

Line(Cambridge: Harvard University Press, 2000).

23   Paul Gilroy, *Against Race*, pp. 262~263. 와니마 루비아노(Wahneema Lubiano)의 접근법에 대해서는 그녀의 "Black Nationalism and Black Common Sense: Policing Ourselves and Others," in Wahneema Lubiano ed., *The House That Race Built*(New York: Vintage, 1998), pp. 232~252를 보라.

24   Robin D. G. Kelley, *Yo' Mama's Disfunktional!: Fighting the Culture Wars in Urban America*(Boston: Beacon Press, 1997); *Freedom Dreams*.

25   Eric Lott, "After Identity, Politics," *New Literary History*, special issue: "Is There Life After Identity Politics?" 31, no. 4(Autumn 2000), p. 666. 또한 그의 "Boomer Liberalism," *Transition* 78(1999); "The New Cosmopolitanism," *Transition* 72(1997); "New Black Intellectuals," *Transition* 68(1995)을 보라.

26   Amber Hollibaugh and Nikhil Pal Singh, "Sexuality, Labor, and the New Trade Unionism: A Conversation," in Kitty Krupat and Patrick McCreery eds., *Out at Work: Building a Gay-Labor Coalition*(Minneapolis: University of Minnesota Press, 2001), pp. 60~77. 또한 같은 책의 Kitty Krupat "Out of Labor's Dark Ages: Sexual Politics Comes to the Workplace," pp. 1~23을 보라.

주요 참고문헌

Abramsky, Sasha, *Hard Time Blues: How Politics Built a Prison Nation*, New York: Thomas Dunne Books/St. Martin's Press, 2002.

Ansell, Amy, ed., *Unraveling the Right: The New Conservatism in American Thought and Politics*, Boulder, Colo.: Westview Press, 1998.

Bawer, Bruce, *A Place at the Table: The Gay Individual in American Society*, New York: Simon and Schuster, 1993.

_____, ed., *Beyond Queer: Challenging Gay Left Orthodoxy*, New York: The Free Press, 1996.

Boaz, David, ed., *Toward Liberty: The Idea That Is Changing the World*, Washington, D.C.: The Cato Institute, 2002.

Brown, Wendy, *States of Injury*, Princeton, N.J.: Princeton University Press, 1995.

Chase, Jacquelyn, *The Spaces of Neoliberalism: Land, Place and Family in Latin America*, Bloomfield, Conn.: Krimarian Press, 2002.

Chasin, Alexandra, *Selling Out: the Gay and Lesbian Movement Goes to Market*, New York: St. Martin's Press, 2000.

Chomsky, Noam, *Profit Over People: Neoliberalism and Global Order*, New York: Seven Stories Press, 1999[강주헌 옮김, 『그들에게 국민은 없다』, 모색, 1999].

Cockburn, Alexander, Jeffrey St. Clair, and Allan Sekula, *Five Days That Shook the World: The Battle for Seattle and Beyond*, New York and London: Verso, 2001.

Cohen, Cathy, *The Boundaries of Blackness: AIDS and the Breakdown of Black Politics*, Chicago, Ill.: University of Chicago Press, 1999.

Cole, Luke W., and Sheila R. Foster, *From the Ground Up: Environmental Racism and the Rise of the Environmental Justice Movement*, New York: New York University Press, 2000.

Davis, Angela, *The Prison Industrial Complex*, San Francisco, Calif.: AK Press Audio Recording, 1997.

DeMartino, George F., *Global Economy, Global Justice: Theoretical Objections and Policy Alternatives to Neoliberalism*, New York and London: Routledge, 2000.

D'Emilio, John, *Sexual Politics, Sexual Communities: The Making of a Homosexual Minority in the United States, 1940~1970*, Chicago, Ill.: University of Chicago Press, 1983.

Dillard, Angela, *Guess Who's Coming to Dinner Now? Multicultural Conservatism in America*, New York: New York University Press, 2001.

Duggan, Lisa, and Nan D. Hunter, *Sex Wars: Sexual Dissent and Political Culture*, New York: Routledge, 1995.

Edsall, Thomas Byrne, and Mary D. Edsall, *Chain Reaction: The Impact of Race, Rights and Taxes on American Politics*, New York: W. W. Norton & Co., 1991.

Fraser, Nancy, *Justice Interruptus: Critical Reflections on the "Postsocialist" Condition*, New York and London: Routledge, 1997.

Gilroy, Paul, *Against Race: Imagining Political Culture Beyond the Color Line*, Cambridge, Mass.: Harvard University Press, 2000.

Goldstein, Richard, *The Attack Queers: Liberal Society and Gay Right*, London and New York: Verso, 2002.

Goode, Judith, and Jeff Maskovsky, eds., *The New Poverty Studies: The Ethnography of Power, Politics, and Impoverished People in the United States*, New York: New York University Press, 2001.

Hardisty, Jean, *Mobilizing Resentment: Conservative Resurgence from the John*

Birch Society to the Promise Keepers, Boston: Beacon Press, 1999.

Kelley, Robin D.G., *Yo' Mama's Disfunktional!: Fighting the Culture Wars in Urban America*, Boston: Beacon Press, 1997.

_____, *Freedom Dreams: The Black Radical Imagination*, Boston: Beacon Press, 2002.

Krupat, Kitty, and Patrick McCreery, eds., *Out at Work: Building a Gay-Labor Coalition*, Minneapolis: University of Minnesota Press, 2001.

Lipsitz, George, *The Possessive Investment in Whiteness: How White People Profit from Identity Politics*, Philadelphia, Pa.: Temple University Press, 1998.

_____, *American Studies in a Moment of Danger*, Minneapolis: University of Minnesota Press, 2001.

Lloyd, David, and Paul Thomas, *Culture and the State*, New York and London: Routledge, 1998.

Lo, Clarence, *Small Property versus Big Government: Social Origins of the Property Tax Revolt*, Berkeley: University of California Press, 1990.

Lott, Eric, "After Identity, Politics," *New Literary History*, special issue: "Is There Life After Identity Politics?" 31, 4, 2000.

McHugh, Kathleen, *American Domesticity*, New York: Oxford University Press, 1999.

Meyer, Richard, *Outlaw Representation: Censorship and Homosexuality in Twentieth-Century American Art*, New York: Oxford University Press, 2002.

Parenti, Christian, *Lockdown America: Police and Prisons in the Age of Crisis*, New York and London: Verso, 1999.

Patton, Cindy, *Inventing AIDS*, New York: Routledge, 1990.

_____, *Last Served? Gendering the HIV Pandemic*, New York: Taylor and Francis, 1994.

_____, *Globalizing AIDS*, Minneapolis: University of Minnesota Press, 2002.

Petchesky, Rosalind P., *Abortion and Woman's Choice: The State, Sexuality, and*

Reproductive Freedom, Boston: Northeastern University Press, 1990.

Peters, Michael, *Poststructuralism, Marxism, and Neoliberalism*, New York: Rowman, Littlefield Publishers, Inc., 2001.

Phillips, Kevin, *The Emerging Republican Majority*, New Rochelle, N.Y.: Arlington House, 1969.

_____, *Wealth and Democracy: A Political History of the American Rich*, New York: Broadway Books, 2002.

Polanyi, Karl, *The Great Transformation*, Boston: Beacon, 1944[홍기빈 옮김, 『거대한 전환』, 길, 2009].

Smith, Anna Marie, "The Sexual Regulation Dimension of Contemporary Welfare Law: A Fifty State Overview," *Michigan Journal of Gender and Law*, 8, 2, 2002, pp. 121~218.

Stefancic, Jean, and Richard Delgado, *No Mercy: How Conservative Think Tanks and Foundations Changed America's Social Agenda*, Philadelphia, Pa.: Temple University Press, 1996.

Steinmetz, George, ed., *State/Culture: State-Formation after the Cultural Turn*, Ithaca and London: Cornell University Press, 1999.

Stiglitz, Joseph, *Globalization and Its Discontents*, New York and London: W. W. Norton, 2002[송철복 옮김, 『세계화와 그 불만』, 세종연구원, 2002].

Sullivan, Andrew, *Virtually Normal*, New York: Alfred A. Knopf, 1995.

Vaid, Urvashi, *Virtual Equality: The Mainstreaming of Gay and Lesbian Liberation*, New York: Doubleday, 1995.

Vlachou, Andriana, ed., *Contemporary Economic Theory: Radical Critiques of Neoliberalism*, New York: St. Martin's Press, 1999.

Walters, Suzanna, *All the Rage: The Story of Gay Visibility in America*, Chicago, Ill.: University of Chicago Press, 2001.

Warner, Michael, *The Trouble with Normal: Sex, Politics and the Ethics of Queer Life*, New York: The Free Press, 1999.

옮긴이 후기

지금, 여기 한국의 신자유주의 문화정치 분석과 연대의 정치를 위해

오늘날 신자유주의 담론과 신자유주의에 대한 비판은 흘러넘친다. 진보 좌파부터 문재인은 물론 심지어 트럼프까지 세계화, 민영화 반대를 기치로 비슷하거나 다른 이유를 들어 신자유주의를 향한 비판의 목소리를 내는 중이다. 그렇기에 어떠한 문제가 '신자유주의 때문'이라고 말하는 것은 더 이상 유용하고 구체적인 정치적·이론적·실천적 함의를 갖지 않는 듯 보인다. 이러한 맥락에서 리사 두건의 책『평등의 몰락: 신자유주의는 어떻게 차별과 배제를 정당화하는가』는 신자유주의가 왜 문제적인지를 쉽고 명료한 언어로 분석하고, 그에 대응하는 실천을 고민한다는 점에서 중요하다. 이 책에서 두건은 신자유주의 문화정치가 어떻게 작동하는지 날카로운 분석과 해설을 보여준다. 그리고 신자유주의 문화정치와 부지불식간에 공모하는 정체성 정치 운동, 진보 좌파 정치운동과 학자에게 신랄한 비판을 가하면서 연대의 정치를 가늠할 지침을 제공한다.

1. 퀴어 페미니스트 역사가 리사 두건

리사 두건은 퀴어 페미니스트 연구자이자 활동가이며 1980년대 미국의 페미니스트들 간에 벌어진 이른바 성 전쟁에서 게일 루빈 등과 함께 캐서린 맥키넌, 안드레아 드워킨과 같은 반포르노 페미니스트 운동가들과 맞서 싸운 것으로 잘 알려져 있다(이들과 논쟁하며 쓴 글을 모아서 두건과 헌터는 1995년 『성 전쟁: 성적 반란과 정치적 문화*Sex Wars: Sexual Dissent and Political Culture*』를 출간했고, 2006년에는 10주년 기념판을 출간했다). 두건은 반포르노 페미니스트 운동가들이 반포르노 법안 제정 등에 개입하면서 여성을 항상 피해자의 위치로 고정시킬 뿐만 아니라, 도덕성을 부르짖는 우익 단체들과 부지불식간에 공모해왔다고 비판한다. 더 나아가 이러한 반포르노 페미니스트들이 젠더만을 억압의 축으로 상정함으로써, 그것이 계급, 인종, 섹슈얼리티의 문제와 마주치고 있음을 간과했다고 지적한다.

여기서 두건이 단지 성적 자유주의의 입장에서 반포르노 페미니스트들을 비판한 것이 아님을 기억해둘 필요가 있다. 1990년대에 두건은 「국가를 퀴어링하기」*(1994)라는 글을 통해 퀴어운동에 개입하면서, 고정된 게이 레즈비언 정체성을 전제하고 그들의 권리 보장과 차별 철폐를 주장하는 자유주의 정치에 비판적인 목소리를 내오기도 했다. 또한 국가의 정책과 제도에 이성애규범성이 배태되었다고 지적하면서, 퀴어 정치가 자연화된 자유주의적 정체성의 정치가 아니라 '반란dissent'의 정치가 되어야 한다고 주장해왔다. 『평등의 몰락』에서 두건이 주로 분석하고 있는 문화전쟁, 새로운 호모규범성을 정치적 지향점으로 삼는 게이 활동가, 가르치려는 태도를 보이는 진보 좌파 등이 만들어낸 위험과 기회의 순간들은, 어떤 측면에서 1980~90년대에 그녀가 비판적으로 개입하고자 했던 페미니즘운동과 퀴어운동 단체들이 자유주의 또는 신자유주의와 공모하고 협상하여 세력화된 결과이기도 하다. 다시 말해 두건의 이 저작은 그녀가 한편으로는 1980년대와 1990년대에 개입해왔던 정치 활동을 신자유주의라는 프레임으로, 다른 한편으로는 신자유주의를 문화정치라는 프레임으로 분석한 결과물이다.

---

*   Lisa Duggan, "Queering the State," in Duggan & Hunter eds., *Sex Wars: Sexual Dissent and Political Culture*, 10th anniversary edition(New York: Routledge, 2006), pp. 171~183.

2. 『평등의 몰락』을 깊이 이해하기 위해서

옮긴이의 글에서 두건의 논의를 다 요약·반복할 필요는 없을 것이다. 대신 두건의 논의를 좀 더 풍부하게 만들기 위해 본 저작을 비판적으로 이해하고, 후속 연구와의 관계를 살펴보고자 한다.

첫째, 두건이 사례연구와 각종 정치 수사의 담론분석에 초점을 맞춘다는 점을 감안하더라도, 그녀의 뉴딜 및 신자유주의에 대한 논의를 좀 더 정교화하기 위해서는 경제적·사회학적 설명을 보충할 필요가 있다. 신자유주의 이전 뉴딜연합 시기는 신자유주의의 '자유시장주의'와 대립되는 '국가개입주의'로도, 반정부 보수주의자 및 사회주의 급진 좌파를 주변화하며 형성된 기업·정부·대규모 노조 간의 대타협만으로도 설명되지 않는다. 케인스주의와 신자유주의는 큰 정부와 작은 정부로 특징지어질 수 없는 국가의 '관리 패러다임'이다. 사회학자 박상현[*]이 제시하는 '관리 패러다임'은 다수의 경제적 변수와 사회적 변수를 비교적 일관된 방식으로 연결시키기 위해 20세기 국가에 필수적인 일련의 실천과 규칙으로서, 재무부·중앙은행·사회행정기관 등과 같은 핵심적인 정책 담당 기관의 역할과 관계를 조정하는 역할을 한다. 박상현에 따르면 20세기 자본주의 국가는 일관된 관리 패

---

[*] 박상현, 『신자유주의와 현대 자본주의 국가의 변화: 세계헤게모니 국가 미국을 중심으로』, 백산서당, 2012.

러다임을 통해서만 재생산되는 '관리국가'의 형태를 취한다. 미국의 경우 재무부 주도 재정정책을 중심에 놓고 화폐정책과 사회정책을 보완적으로 조합하는 것이 케인스주의 시기의 관리 패러다임의 특징이었다. 반면에 중앙은행 주도 화폐정책을 중심으로 재정정책과 사회정책을 분절적으로 조합하는 것이 신자유주의의 특징이다.

뉴딜정책 및 케인스주의 시기는 고용과 성장의 선순환을 안정화했고, 이 '생산성 동맹'은 산업적 축적을 특징짓는 성장 국면의 상대적으로 높은 이윤율에 의해 뒷받침되었다. 제2차 뉴딜정책에서는 노령연금과 실업보험을 도입한 사회보장법(1935년), 노조를 강화한 와그너법(1935년) 등이 실시되었으며, '완전고용'은 국가적 의무의 일종으로 여겨지게 되었다. 반면 신자유주의에서 변모된 사회정책의 양상을 단적으로 드러내는 단어는 '복지 여왕welfare queen'일 것이다. 1960년대 초에 등장한 '복지 사기꾼welfare fraud'이라는 개념의 연장선상에서 1974년에 본격적으로 고안된 이 용어는, 국가의 사회정책이 '타당한 수혜자'와 '게으른 수혜자'를 구분하는 선별적 복지로 정향되었음을 나타낸다.

경제정책과 사회정책은 더 이상 보완적으로 조합되지 않고 별도의 것으로, 즉 분절적으로 조합된다. 케인스주의 패러다임에서 안정적 성장을 목표로 재정수입·지출을 관리했던 재무부 우위의 경제정책은, 신자유주의 패러다임에서 물가 안정을 목표로 통화량과 이자율을 관리하는 중앙은행 우위의 경제정책으로 변모한다. 두건은 경제가 단지 화폐량을 조절하는 문제로 여겨질 때, 즉 정치와는 분리된 전문적이고 기술적이며 중립적인 영역으로 표상될 때 어떤 일이 벌어지는

지를 다음과 같이 설명한다.

지구적 문제와 국내적 문제 양자에서 신자유주의적 지배의 가장 성공적인 책략은 경제정책을 주로 중립적이며 기술적인 전문지식의 문제로 정의하는 것이다. 따라서 이 전문지식은 정치 및 문화와는 분리된 것, 특히 정치적 책임이나 문화적 비평의 대상으로는 부적절한 것으로 제시된다(들어가며, 24~25쪽).

한편 소위 '큰 정부'와 더불어 뉴딜연합 시기를 특징짓는 '노사정 대타협'도 재고할 필요가 있다. 제라르 뒤메닐Gérard Duménil과 도미니크 레비Dominique Lévy*는 기업·정부·노조의 대타협이라는 3자 구도가 아닌 소유(금융)·경영·노동의 타협이라는 구도로 뉴딜정책 및 그 전후 시기를 분석했다. 그들에 따르면 뉴딜정책은 "경제의 금융 부문뿐 아니라 증권의 보유, 금융기관에 기초하여 물질화된 소유권을 가진 지배계급의 복합체"를 의미하는 금융(소유자)에 대한 억압을 핵심으로 한다. 반면 신자유주의는 인플레이션 억제를 위해 금리 인상을 꾀한 금융 소유자들의 '계급적 반격'이었으며, 리사 두건은 이 책에서 이를 '위를 향한 재분배'로 묘사하고 있다. 노사정 대타협으로 보였던 것은 케인스주의 패러다임 아래 금융(소유자)을 억압한 경영과 노동의 불

---

* 제라르 뒤메닐·도미니크 레비, 『자본의 반격: 신자유주의 혁명의 기원』, 이강국·장시복 옮김, 필맥, 2006.

안정한 연합이었고, 이후 신자유주의 패러다임에서는 노동 억압을 기반으로 금융과 경영 간 연합이 구축되었다. 그리고 이 모든 과정은 자본주의의 이윤율 변화라는 내적 동역학과 연동하여 이루어졌다. 이런 관점을 도입한다면 이 책에 담긴 논의를 좀 더 풍부하게 이해할 수 있을 뿐만 아니라, 두건이 은연중에 풍기는 노스탤지어적 태도를 비판적으로 재고하는 데도 도움이 된다.

비록 두건이 뉴딜 사회연합은 비민주적이고 반反평등주의적인 특징을 지닌다고 명시함에도 불구하고, 현 시기 사회운동의 위기 앞에서 저자는 과거 '위대한 사회'의 시기와 복지국가 체계를 미화하며 애착을 보이는 것 같다. 당시 '공적인 것'을 이루는 두 가지 특징은 사적 자본과 대립하는 '큰 정부'와 제한적이나마 노조의 세력화를 이루어낸 '노사정 대타협'이라고 할 수 있다. 하지만 '신자유주의적 지금'이란 국가의 축소가 아닌 국가 장치의 배치가 변동된 것뿐이며, 노사정 대타협의 균형 상실이 아닌 자본의 이윤율 하락 국면에서 더 이상 경영과 노동 간 생산성 동맹이 불가능해진 상태로 이해한다면(물론 이조차 급진적 노동운동을 배제한 동맹이었음을 다시 한 번 강조해야 한다), '공적인 것'의 의미를 다시 검토할 필요가 생겨난다. 이것들은 과연 축소되었는가? 우리는 '공적인 것'의 축소를 단정하기 전에 '공적인 것'으로 상상되는 게 무엇인지를 되물어야 한다.

마찬가지로 어떤 측면에서 두건의 주장은 공공의 축소를 사회적인 것의 부정과 축소, 예컨대 사회복지제도의 축소 그 자체로 이해하고 있다. 또 다른 신자유주의 비판인 푸코주의적 관점은 신자유주의의 공

적인 것, 혹은 공공 서비스라는 것의 축소가 곧 사회적인 것의 부정이
나 격퇴가 아니라 사회적인 것의 재의미화, 재구성을 의미한다고 명료
하게 지적한 바 있다.* 반면 두건은 이 자체를 인식하지 못하는 듯 보
이기도 한다. 그렇기 때문에 '공적인 것'이 축소되기 이전을 향한 노스
탤지어를 갖고 있는 두건은 현재 상황을 상대적으로 비관하며 신자유
주의 문화정치의 강력함을 지나치게 강조하는 것 같기도 하다. 더 나
아가 그녀가 좌파 멜랑콜리아**에 머물러 있는 것은 아닌지 의심해야
할지도 모른다.

하지만 두건이 공과 사, 문화와 경제를 구분하는 자유주의적 문화
정치의 작동이 '사회'운동을 어떻게 재구성하는지를 보여줬다고 재해
석함으로써, 그녀의 주장을 적극적으로 전유하고 확장할 수 있다. 또
계급운동 중심으로 통합된 운동의 상실을 슬퍼하기만 하고 거기서 떠
나가지 못한 채 문화/정체성정치와 운동을 상실의 원인으로 지목하는

---

* 관련한 논의로 이탈리아에서 복지국가의 붕괴 이후 시민의 봉사와 같은 도덕적
실천을 통해 공동체를 재구성하려는 신자유주의적 기획을 분석한 Andrea
Muehlebach, *Moral Neoliberal: Welfare and Citizenship in Italy*, Chicago:
University of Chicago Press, 2012를 참고하라. 또한 서구의 복지국가 붕괴와 사
회적인 것의 재구성에 대한 기존 논의로 설명될 수 없는 한국과 중국의 복잡성과
사회적인 것을 재구성하려는 시도에 대해서는 조문영·이승철, 「'사회'의 위기와
'사회적인 것'의 범람」, 『경제와 사회』 113호, 2017, 100~146쪽을 참고하라.

** 웬디 브라운이 벤야민을 빌려 비판한 '좌파 멜랑콜리아' 개념은 "정치적 결집,
동맹, 변혁에 대해 운동이 현재 투자하고 있는 바를 초월해 과거에 대한 정치적
애착을 보이는 특정한 나르시시즘"을 가리킨다. (Wendy Brown, "Resisting
Left Melancholy," *boundary 2*, 26(3), 1999, p. 20)

좌파 이론가와 활동가를 비판하는 두건이야말로 운동이 좌파 멜랑콜리아에 빠지지 않고 더 나아갈 수 있는 길을 제시하고 있다고도 이해할 수 있다. 즉 두건이 마르크스주의적 관점에서 신자유주의를 일종의 계급 프로젝트로서 지배계급의 이해와 지배를 강화하는 것으로 보는 측면이 존재하지만, 다른 한편으로 이에 대항하는 우연적인 실천과 연대의 가능성을 고민함으로써 이 신자유주의의 작동이 철두철미하다고 비판하는 몇몇 좌파의 편집증적 읽기와는 거리를 둔다. 동시에 그녀가 희망의 반대말이 우울증(적대, 낙담과 같은 감정들)이 아니라 자기만족compla-cency이라고 지적하면서, 우울증과 고통으로부터 변화를 일으킬 수 있는 희망의 가능성을 믿기도 한다는 점 역시 기억해둬야 할 것이다.*

둘째, 두건의 새로운 호모규범성 개념이 퀴어 자유주의**를 비판하는 퀴어학자들에게 어떤 기여를 했는지를 살펴볼 필요가 있다. 비규범적 섹슈얼리티를 사적인 것으로 제한함으로써 이성애규범성을 유지하고 재생산하는 데 기여하는 호모규범적 정치를 비판하면서, 두

---

* 이에 대한 더 자세한 논의로는 퀴어 퍼포먼스 이론가인 호세 무뇨스(José Esteban Muñoz)와 희망에 대해 토론한 글인 "Hope and Hopelessness: A Dialogue," *Women & Performance: A Journal of Feminist Theory*, 19(2), pp. 275~283을 참고하라.

** 미국의 퀴어 자유주의와 인종주의의 결합, 그리고 그 결합을 은폐하는 운동과 담론에 대한 비판적 분석으로는 David Eng, *The Feeling of Kinship: Queer Liberalism and the Racialization of Intimacy*, Durham: Duke University Press, 2010을 참고하라.

건은 LGBT 성정치가 항상 진보적이고 급진적인 것은 아니라고, 오히려 좌파의 무관심 속에서 정체성정치와 문화정치가 신/자유주의적 전환을 추구할 수도 있다고 날카롭게 지적해왔다. 이 책에서 두건은 몇몇 정체성정치가 게이의 군 입대를 옹호하거나 이성애적 판본의 결혼 제도를 반복하는 방식으로, 미국의 제국주의적 전쟁과 군사주의 자체나 복지 체계의 몰락을 개인의 책임으로 돌리는 상황에 전혀 개입하지 못한 채 미국 국민으로 인정해줄 것만을 요청하는 한계를 보여왔다고 비판한다.

퀴어 이론가 재스비어 푸아Jasbir Puar는 이러한 논의를 더 발전시켜, 9·11 이후 국민국가이자 제국주의 국가로서 위기에 직면한 미국이 호모규범적 성적 주체를 시민/국민으로 통합시키는 통치 전략을 사용했다고 주장한다.* 푸아는 국민국가 외부에 있던 동성애자 중 호모규범적 자유주의 주체들을 국민의 일부로 (일시적으로) 통합하는 한편, 백인 중산층 게이 남성으로 대표되는 이 호모규범적 주체들의 구성적 외부로서, 병리적이고 변태적인 유색인종 타자들을 형성하는 인종주의적 생명관리정치의 기술을 분석해낸다. 이러한 통치 전략을 가리켜 그녀는 '호모내셔널리즘'이라는 개념을 제시한다.

예를 들어 마크 빙엄과 마이클 저지 신부가 용감한 백인 게이 남성으로서 애국적 시민/국민(즉 호모내셔널) 주체로 호명되었고, 중간계급

---

* Jasbir Puar, *Terrorist Assemblages: Homonationalism in Queer Times*, Durham: Duke University Press, 2007.

이상의 게이 레즈비언의 소비 활동(핑크 경제와 게이 관광 산업)은 9·11 이후 경제적 위기를 극복하는 방식 중 하나인 애국주의적 소비로 치켜세워졌다. 반면 성적으로 병리적이고 거세된 오사마 빈 라덴(애니메이션 〈사우스 파크〉에서 묘사되었듯이 여성 대신 낙타를 성적으로 욕망하거나 작은 페니스를 가진)과 같은 유색인종은 이상한 존재(즉 퀴어)로서 통제, 감시, 규율, 절멸되어야 할 대상이 된다. 더욱이 호모내셔널리즘적 통치는 동성애 문제를 인권의 척도로 놓음으로써, 서구 제국주의 국가들은 스스로를 발달된 인권 보호 국가로 (실제 국내에서 발생한 가난한 유색인종 퀴어에 대한 억압과 차별과는 상관없이) 포장하고 동성애자 인권을 보장하지 않는 나라에 대한 정치적 개입을 정당화하면서 미국, 유럽, 이스라엘 등을 중심에 두는 세계 정치의 위계질서를 공고히 한다.

최근 출간된 퀴어 이론가 진 하리타원의 책 『퀴어 연인과 혐오스러운 타자』*는 두건과 푸아의 논의를 이어받아, 독일 베를린의 게이 정치운동이 주장하는 사랑과 혐오 담론이 인종주의 및 식민주의와 어떻게 교차하는지를 분석한다. 예를 들어 베를린의 자유주의적 게이운동 단체들은 (백인) 동성애자의 사랑과, 종교적·민족적·전통적인 이유로 이미 항상 동성애에 대한 혐오를 표출한다고 여겨지는 유색인종 타자를 대조한다. 여기서 문제는 유색인종 퀴어들이 퀴어 커뮤니티 내에서 배제되어 감정적 외부인affect alien이 된다는 것뿐만이 아니라, 유

---

*   Jin Haritaworn, *Queer Lovers and Hateful Others: Regenerating Violent Times and Places*, London: Pluto Press, 2015.

색인종 집단이 호모포비아적이며 따라서 사랑을 이해하고 표현하는 데 실패하는 존재로 구성된다는 것이다. 즉 자신의 감정과 커뮤니케 이션 방식을 통제하고 관리할 수 있는 신자유주의적 시민이 되는 데 실패해 본능과 충동에 사로잡혀 있는 덜 문명화된 이 인종적 타자들은 신자유주의적 시민 주체의 구성적 외부로 형성된다. 그 때문에 (호모포비아를 표출하므로) 혐오할 만하며 혐오스러운 유색인종 집단과 대조되는, 자신의 감정을 제대로 잘 관리할 수 있는 신자유주의 주체로 자기를 구성하는 게이의 정치학은 인종주의적·식민적 신자유주의 정치를 재생산한다. 이런 방식으로 두건의 호모규범성 개념은 푸코의 신자유주의적 자기관리 통치 윤리, 생명관리의 통치 방식에 대한 논의와 교차하면서 점점 복잡해지는 퀴어 정치와 권력의 작동 방식을 해석할 수 있는 퀴어 자유주의* 비판의 기초적인 개념이 된다.

---

* 사실 두건은 *Democracy Now!* 를 비롯한 여러 매체와의 인터뷰에서 퀴어를 LGBT와 달리 규범성과 정상성에 대한 불화로 정의하기 때문에, 퀴어 자유주의라는 표현은 형용모순처럼 보인다. 하지만 유색인종 퀴어 이론가들은 퀴어가 항상 급진적이고 정상성을 위반하는 것은 아니라고 주장해왔다. 흑인 퀴어 퍼포먼스 이론가인 E. 패트릭 존슨(E. Patrick Johnson)은 *Text and Performance* 에 기고한 글 "'Quare' Studies or (almost) Everything I Know about Queer Studies I Learned from My Grandmother"(2001)에서 백인 중심 퀴어 이론과 운동, 퀴어 주체에 대한 방언으로서 "Quare" 연구를 주창한 바 있다. 1999년에 라틴계 퀴어 퍼포먼스 이론가 호세 무뇨스는 그의 혁신적인 저작 『비동일시: 유색인종 퀴어와 정치의 퍼포먼스(*Disidentifications: Queers of Color and the Performance of Politics*)』에서 퀴어 하위주체들은 이성애규범성에 반대할 뿐만 아니라 때때로 그것과 공모·협상하는 실천을 한다고 주장한다. 이런 점에서 푸아와 사라 아흐메드(Sara Ahmed, *The Cultural Politics of Emotion*, New

3. 불화와 연대의 정치

종교적인 정치 기술과 윤리(기독교든 샤머니즘이든)에 의존하는 권위주의적인 이명박, 박근혜 정권 아래 소수자의 인권 보장과 같은 자유주의적 정치가 '무력화'된 한국에서, 심지어 '자유주의적' 대통령인 문재인도 동성애를 반대한다고 말하는 상황에서 누군가는 두건(그리고 그녀를 비판적으로 계승·발전시킨 푸아와 하리타원)의 신/자유주의에 대한 비판이 과연 유효한가라는 질문을 던질지도 모르겠다. 여기서 우리는 두건이 신/자유주의 문화정치가 완전하고 안정적인 이데올로기적 구성체이거나 일관된 정치적 실천이 아니라, 잠정적인 동맹을 통해 작동하는 것이라 주장했다는 점을 염두에 둬야 한다. 두건이 사용하는 '잔여적인residual'이라는 표현이 드러내듯, 자유주의적인 정치적 실천과 기술은 어떤 한 국면이 지나고 나서 완전히 사라지는 것이 아니라, 새롭게 등장하는 정치적 실천과 공존하며 때때로 경합하기 때문이다.

트럼프의 당선 이후 동성애자에 대한 도덕적 비난과 혐오가 더욱 노골적으로 제기되고 있듯이, 미국에서 (종교적) 우파의 페미니즘과 게이 정치에 대한 문화전쟁이 2000년대 이래의 신자유주의 평등정치로

York: Routledge, 2004)는 퀴어 정치의 저항성 강조가 오히려 퀴어를 규범화한다고 지적해왔다. 또한 데이비드 엥(David Eng)은 2010년 저작 『친족의 느낌: 퀴어 자유주의와 친밀성의 인종화(*The Feeling of Kinship: Queer Liberalism and the Racialization of Intimacy*)』에서 퀴어 자유주의를 정밀하게 이론화하는 작업을 수행하며 비판을 이어갔다.

완전히 대체된 것은 아니다. 오히려 이러한 분석을 통해 두건이 중점을 두는 것은, 어떻게 구체적으로 신/자유주의 정치가 문화와 경제의 상상적 분리를 만들어내면서 위를 향한 재분배를 가능하게 하는가이다. 두건 주장의 핵심은 문화와 경제가 서로 톱니바퀴처럼 맞물려서 작동한다는 것을 은폐하고, 대신 문화와 정체성을 경제적인 조건에 대한 분석 없이 독자적으로 논의해야 한다고 주장하는 신/자유주의 정치에 대한 폭로와 이에 부지불식간에 공모하는 정치/운동에 대한 비판이다.

그러한 운동의 예로서 우리는 1990년대 말 한국의 노동운동을 들 수 있다. 태국, 필리핀, 인도네시아, 한국의 통화가치가 연이어 폭락했던 1997년 아시아 외환위기, 일명 IMF 사태 때 한국은 성차별적인 대규모 구조조정을 단행했다. 소위 '정상가족 생계부양자 모델'에 입각해 이루어진 대량 해고 사태에 맞서는 운동은 노동자의 기본권을 보장하는 경제투쟁일 뿐만 아니라, 바로 그 모델 자체에 대한 재고와 비판일 수밖에 없다. 하지만 당시 많은 노동조합들은 정상가족 남성 생계부양자 모델과 자본주의와의 결합에 도전하기보다는 영합하고자 했다. 여러 사업장에서 사내 부부 중 한 명을 감원한다는 방침을 세우고 여성 노동자들을 사직시켰다.* 대표적 사례로 농협 중앙회 사건이 있다. 1999년 1월 농협 사용자측은 사내 부부 중 남편을 순환 명령휴직 대상자에 넣고, 여성 노동자들에게 사직서를 제출하지 않으면 배우자가 명령휴직 등 불이익을 받을 것이라는 압력을 가했다. 결

---

* 신인령 외, 『지구화와 여성 시민권』, 이화여자대학교출판부, 2002.

국 사내 부부 762쌍 중 752쌍이 명예퇴직을 신청했는데, 그중 688명 (91%)이 여성이었다. 비슷한 사례로, 1998년에는 울산 현대자동차 노동조합은 함께 파업 투쟁을 하며 남성 노동자들의 밥을 챙겨주었던 현대자동차 구내식당 여성 노동자 전원을 정리해고 대상에 포함시키는 구조조정안에 합의했다.

1999년 5월의 노동절을 준비하며 배포한 포스터에서 민주노총은 조직의 가부장성을 다음과 같이 드러내며 앞서의 성차별적 대량해고 사태에 부지불식간에 동조한다.

이제 당신만이 희망입니다.

민주노총은 고용안정이라 적힌 붉은 조끼(쟁의복)을 입고 싸우러 나가는 남성(가장)을 커다란 모습으로 포스터의 전면에 배치하고, 아이를 안고 있는 여성을 가장의 뒤에 흑백으로 작게 배치한 뒤 이 문구를 적어두었다. 고용안정을 위해 바깥에서 싸우는 남성 가장들을 신종 '남편 기 살리기' 방식으로 응원하는 이 포스터는 쇄도하는 항의와 서명운동에 부딪혀 결국 배포가 중지됐다.

민주노총은 포스터를 철회하기 전 답변서에서 다음과 같이 말한다.* "민주노총은 여성노동자들의 처지를 분명히 이해하고 있으며

---

* 월간 참여연대 1999년 6월, 〈민주노총 포스터 유감〉 www.people-power21.org/Magazine/710164에서 재인용.

다만 '투쟁 의지가 있는 평균적인 민주노총 조합원들'이 실제 생활 속에서 있을 법한 장면을 전달한 것이다. 따라서 포스터에 대한 항의는 '오해와 비약, 모독'이다." 이때 민주노총은 무엇을 '실제 생활'로 재현하면서 여성 노동자의 존재를 가상으로 밀어내고 신/자유주의적 구조조정과 가부장제의 연결고리를 비#가시화했는가? 어떤 정치적 분석과 비판이 오해와 비약과 모독의 언어로 치부되었는가? 문화에 대한 분석을 매개하지 않고서, 저항의 주체조차 잠정적인 지배 동맹을 형성할 수 있음을 반성하지 않고서, 언제나 이미 문화를 통해 작동하는 신/자유주의 경제에 개입하는 것이 가능할까?

지난 20년 동안 여성주의자들이 운동 사회 내의 성폭력을 드러내고, 노동운동과 진보적 사회운동의 가부장성에 적극적인 문제제기를 해왔다. 또한 여성운동, 성소수자운동 단체들이 노동운동과 연대하면서, 최근 민주노총은 젠더·섹슈얼리티가 어떻게 노동계급과 교차하는지를 스스로 이해하고 증명하려는 실천들을 하고 있다. 이 변화가 구체적으로 어떻게 이뤄진 것인지는 앞으로 더 많은 연구와 논의들이 필요하지만, 이러한 실천은 환영할 일이다. 2015년부터 민주노총 사무처의 가족 관련 처우 적용 범위에 동성 동반자를 포함했고, 2016년에는 박근혜 정권을 비하하는 수단으로 '병신년'을 사용하지 않을 것을 약속했으며, 차별금지법 제정을 위한 연대 단위로서 공식 참가단을 꾸려 퀴어문화축제에 참가하기도 했다.

이는 마치 두건이 뉴팔츠 콘퍼런스에 대한 공격을 공공교육에 대한 신자유주의 구조개혁의 일환으로 분석했듯이, 한국에서의 성소수자, 이주민, 여성에 대한 차별과 혐오를 한국 시민의 관용 부족, 성숙한 시민의식의 부족, 혹은 미개함으로 분리하여 이해하는 것을 넘어서, 자원 재분배에서의 불평등 및 이와 교차하는 젠더, 인종, 섹슈얼리티의 문제로 함께 고민하는 것으로 볼 수 있을 것이다. 특히 우리는 이러한 실천들을 2016년에 시작되어 결국 박근혜 퇴진을 이루어낸 집회에서도 볼 수 있었다.

가부장적이고 이성애 중심적인 시민 모델을 바꾸기 위해 적극적으로 광장에 나온 여성주의자, 성소수자, 장애인은 서로에게 호기심을 갖고 다른 타자의 목소리에 귀를 기울이고, 상대방을 가르치려고 하기보다는 서로 대화하려고 한다. 2016년 12월 28일 장애등급제·부양의무제 폐지 광화문 공동행동이 주관하는 박근혜 퇴진 매일촛불 문화제에서, '행동하는성소수자인권연대' 소속 모리 활동가가 했던 다음 발언은 이성애자 남성을 기본으로 한 자유주의적 주체 모델에서 벗어나서 계급, 인종, 젠더, 섹슈얼리티, 장애가 교차하는 새로운 주체와 정치에 대한 재정의를 촉구했다.

지난 촛불집회에서, 우리는 적폐를 청산하자고 함께 외쳤습니다. 그 적폐는 단순히 비리를 일삼은 사람들을 모두 몰아내는 것만을 의미하는 게 아니라고 생각합니다. 우리가 외친 적폐 청산은 범죄자들을 감옥으로 보내는 것을 넘어, 종북몰이를 가능하게 했던 군사주의를 청산하는 것, 잔인한 경쟁을 부추기고 재벌들의 배만 채우는 신자유주의를 청산하는 것, 폭력의 체제를 정당화해온 가부장제와 여성혐오를 청산하는 것입니다. 그리고 더 중요한 것은 무너진 공동체의 가치를 그 토대 위에서 새로 세우는 것입니다. 장애가 있어도 사회의 일원으로 살 수 있고, 여성이어도 일상적인 폭력의 위험으로부터 자유로울 수 있고, 사회안전망과 복지를 믿을 수 있는 그런 공동체를 세우는 것 말입니다. 성소수자들도 지난 촛불 동안 시민들과 함께 행진했습니다. 그리고 성소수자들이 원하는 세상을 외쳤습니다. 동성애자가 형법으로 처벌되지 않는 나라, 청소년 성소수자 두 명 중 한 명이 자살을 시도하지 않는 나라, 트랜스젠더라는 이유만으로 해고되지도 않고, 내가 사랑하는 사람이 내 가족으로 인정받는 나라, 에이즈에 감염되어도 소외와 건강을 걱정하지 않아도 되는 나라.

박근혜 이후의 이 땅은 성소수자들도 발붙이고 살 수 있는 곳이어야 합니다. 누구도 뒤에 남아 버려지지 않는 공동체가 되어야 합니다. 하지만 그런 세상은 권력을 가진 누군가가 우리를 동정해서 선물해주는 것은 아닙니다. 오직 우리가 우리의 권리와 힘을 인식하고, 직접 싸우고 저항할 때에만 얻을 수 있는 것입니다.

저는 이 광장에서 함께 촛불을 들었던 모든 사람들이 그러한 싸움에 함께 해야 한다고 생각합니다. 가장 약한 고리를 지킬 수 있는 공동체를 만드는 것이, 우리 모두를 지키는 것이기 때문입니다.[*]

---

[*] 행동하는성소수자인권연대 페이스북 페이지에서 인용.
www.facebook.com/LGBTQaction/posts/726990534132461:0

이 책의 의미, 그리고 두건이 주장하는 신자유주의에 대항하는 정치와 운동의 의미는 이러한 구체적인 실천들을 고민하면서 실현될 수 있을 것이다.

* * *

이 책의 원제는 『평등의 황혼?: 신자유주의, 문화정치, 그리고 민주주의에 대한 공격The Twilight of Equality?: Neoliberalism, Cultural Politics, and the Attack on Democracy』이다. 여기서 '황혼twilight'은 두건이 서론에서 말하듯 아래를 향한 재분배와 이에 결합한 운동들을 통해 성취해낸 20세기 중·후반부의 평등의 정치가 저물고 있으며, 신자유주의 문화정치가 평등이라는 이름하에 새롭게 작동하고 있음을 드러내는 것이다. 하지만 물음표를 제목에 붙인 두건은 정치적 가능성의 쇠퇴를 단정 짓지 않는다. 저녁 무렵 어스름한 시기는 모든 것이 모호해지므로, 두건이 말했듯 위기와 기회의 시간대이다. 황혼의 시간에 어떤 이들은 경제와 문화, 정체성과 계급이라는 상상적 분리의 프레임 속에 들어가 맞서 싸워야 하는 적을 제대로 파악하지 못할 수도 있다. 하지만 동시에 누군가는 다른 타자들과 대화하고 스스로의 타자성을 깨우치면서, 흐릿함과 모호함을 함께 탐색해나가고 새로운 정치적 가능성의 날을 만들 수도 있다. 이러한 가능성의 탐색에 우리의 번역 작업이 자그마한 기여를 할 수 있길 바란다.

옮긴이들은 비온뒤무지개재단의 2014 이창국기금 연구지원 장학금을 통해 번역 초안을 만들었다. 도움을 주신 재단의 캔디 님, 한채윤 님, 리인 님께 감사의 말을 전하고 싶다. 또 옮긴이들을 독려하며 좋은 책을 내놓기 위해 애쓰신 현실문화의 김수기 대표님, 김주원 편집자님, 홍원기 편집자님, 출판노동자 분들께 감사드린다. 함께 작업하며, 좋은 글을 만들려고 노력했지만 그럼에도 오역이 있다면 그 책임은 옮긴이들의 몫이다. 마지막으로 가부장적 이성애 자본주의 사회에 맞서 지적·실천적 고민을 하는 이 책의 독자들, 활동가들에게 감사의 말을 드린다.

찾아보기

평등의몰락
신자유주의는 어떻게 차별과 배제를 정당화하는가

한국어판 ⓒ 한우리 홍보람 2017
첫 번째 찍은 날 2017년 7월 10일
두 번째 찍은 날 2017년 7월 31일

지은이   리사 두건
옮긴이   한우리, 홍보람
펴낸이   김수기
펴낸곳   현실문화연구

편집   김주원, 김소영
마케팅   최새롬
제작   이명혜

등록번호   제25100-2015-000091호
등록일자   1999년 4월 23일
주소   서울시 은평구 통일로 684(녹번동) 서울혁신파크 1동 403호
전화   02-393-1125
팩스   02-393-1128
전자우편   hyunsilbook@daum.net
            ⓗ hyunsilbook.blog.me ⓕ hyunsilbook ⓣ hyunsilbook

ISBN   978-89-6564-197-1 03330
가격은 뒤표지에 있습니다.

이 도서의 국립중앙도서관 출판예정도서목록(CIP)은 서지정보유통지원시스템 홈페이지
(http://seoji.nl.go.kr)와 국가자료공동목록시스템(http://www.nl.go.kr/kolisnet)에서
이용하실 수 있습니다. (CIP제어번호 : CIP2017013621)